新时代思想政治教育 与模式创新研究

耿巍娜 著

北京燕山出版社

图书在版编目（CIP）数据

新时代思想政治教育与模式创新研究 / 耿巍娜著
. -- 北京：北京燕山出版社，2023.10
ISBN 978-7-5402-7148-0

Ⅰ.①新… Ⅱ.①耿… Ⅲ.①思想政治教育—研究—中国 Ⅳ.① D64

中国国家版本馆 CIP 数据核字（2023）第 220226 号

新时代思想政治教育与模式创新研究

著者：耿巍娜
责任编辑：郭扬
封面设计：侯晓静
出版发行：北京燕山出版社有限公司
社址：北京市西城区椿树街道琉璃厂西街 20 号
邮编：100052
电话：86-10-65240430（总编室）
印刷：天津和萱印刷有限公司
成品尺寸：170 mm × 240 mm
字数：170 千字
印张：9.5
版别：2024 年 5 月第 1 版
印次：2024 年 5 月第 1 次印刷
ISBN：978-7-5402-7148-0
定价：58.00 元

作者简介

耿巍娜，女，1982年12月出生，河北省石家庄市人，毕业于燕山大学，硕士研究生学历，任职于燕山大学建筑工程与力学学院，助理研究员。研究方向：思想政治教育。主持并完成河北省人力资源和社会保障研究课题两项、秦皇岛市科技局项目一项，发表学术论文十余篇。

前　言

　　思想政治教育作为中国精神文明建设的首要内容，承担着举旗帜、聚民心、育新人、兴文化、展形象的重要使命。新时代既是中华民族逐渐走向伟大复兴的新时代，也是将教育事业放在突出位置、培养人们德智体美劳全面发展的新时代。新时代背景下，随着高校学生在社会主义建设中的作用日益凸显，思想政治教育也面临着新的机遇和挑战。高校思想政治教育是正确引导学生思想方向、帮助学生树立健康思想认知、塑造正确的价值观念的主要途径，探索改进思想政治教育模式的方法尤为重要。

　　全书共六章。第一章为思想政治教育理论述说，分为思想政治教育概述与基础理论、思想政治教育的本质与价值两部分；第二章为新时代思想政治教育的总体现状与挑战，主要阐述了思想政治教育的总体现状、互联网背景下思想政治教育的挑战、社会转型背景下思想政治教育的挑战；第三章为新时代思想政治教育的格局重塑，主要阐述了新时代思想政治教育理念重塑、新时代思想政治教育的价值观重塑、新时代思想政治教育队伍重塑；第四章为基于"互联网+"的思想政治教育模式创新，主要阐述了"互联网+"带来的思想政治教育新契机以及基于"互联网+"的思想政治教育模式创新路径；第五章为基于人工智能的思想政治教育模式创新，主要阐述了人工智能应用于教育的思考、人工智能带来的思想政治教育新契机以及基于人工智能的思想政治教育模式创新路径；第六章为基于大数据的思想政治教育模式创新，主要阐述了大数据思维与大数据价值以及大数据带来的思想政治教育新契机、基于大数据的思想政治教育模式创新路径。

　　笔者在撰写本书的过程中，借鉴了国内外很多相关的研究成果以及著作、期刊、论文等，在此对相关学者、专家表示诚挚的感谢。

　　由于笔者水平有限，书中有一些内容还有待进一步研究和论证，在此恳切地希望各位同行专家和读者朋友予以指正。

目　录

第一章　思想政治教育理论述说

思想政治教育是中国共产党的优良传统、鲜明特色和独特优势。思想政治教育源于社会，推进基础理论研究是思想政治教育学科发展和社会实践的需要，也是突破思想政治教育学科新发展瓶颈的需要。本章分为思想政治教育概述与基础理论、思想政治教育的本质与价值两部分。主要包括思想政治教育概述、思想政治教育基础理论、思想政治教育的本质、思想政治教育的价值等内容。

第一节　思想政治教育概述与基础理论

一、思想政治教育概述

（一）思想政治教育的内涵

新时代思想政治教育是一门价值性与实效性紧密结合的应用学科。张耀灿、陈万柏主编的《思想政治教育学原理》中提出："思想政治教育是指社会或社会群体用一定的思想观念、政治观点、道德规范，对其成员施加有目的、有计划、有组织的影响，并促使其自主地接受这种影响，从而形成符合一定社会、一定阶级所需要的思想品德的社会实践活动。"思想政治教育之所以不同于别的教育，就在于它施加影响的对象具有特殊性和复杂性的特点，这要求在教育的整个过程中必须围绕着人的思想、意识、思维等精神领域开展，并在人们产生认知和情感认同的基础上指导人们的实际行为。高校思想政治教育这个概念是在思想政治教育基本概念的基础上产生的，所以，新时代高校思想政治教育可以解释为，在新的历史时期高校对大学生进行思想政治教育的社会实践活动，其基本内容包含世界观、人生观、价值观、政治观、道德观、法治观等几个部分，涵盖了当前党和国家对大学生的殷切希望和要求。

新时代孕育新思想，新思想指导新实践，新时代的到来对教育来说既是挑战也是机遇。一方面，在全面建成小康社会的基础上，分两步走建设富强、民主、文明、和谐、美丽的社会主义现代化强国。在此背景下以及具备丰富的物质基础条件下，新时代对人才的教育也有新要求、新目标、新展望。另一方面，新时代教育的典型特征是人的素质的全面提升，这就要求高校教育必须以实现人的全面发展为立足点。新时代为教育的发展提供了良好的环境，为青年提供了更多发展机遇。然而，面对新时代带来的冲击和挑战，如何抓住机遇迎难而上，不断提升自身专业素质和品德修养水平，是每一个新时代大学生都要面对的人生课题。新时代思想政治教育的关键是要体现鲜明的时代特色、中国特色，用马克思主义武装大学生的头脑，提升政治理论内容的感召力，弘扬社会主义主旋律。

（二）思想政治教育主、客体

对于某一实践活动而言，主体与客体永远是其最基本、最核心的两个重要因素，对于思想政治教育实践活动而言也不例外。在思想政治教育实践活动的运行和效能的发挥上，主、客体自始至终都起着重要的作用。因此，切实把握思想政治教育这一客观存在的主、客体，是进一步研究思想政治教育，探求其本质的必经之路。

1.思想政治教育主体

关于思想政治教育主体的界定，学术界存在着多种看法。总结来说主要有以下三种。

第一，单一主体说。顾名思义，持该观点的学者认为思想政治教育的主体有且只有教育者或受教育者中的一个。持教育者主体说观点的学者认为，思想政治教育的主体是"思想政治教育活动的发动者、组织者和实施者"。持受教育者主体说观点的学者则认为，受教育者是思想政治教育实践的活动对象，为其服务受其影响，故受教育者才是思想政治教育的主体。

第二，双主体说。该观点认为教育者和受教育者均可以成为思想政治教育的主体。从施教的角度来看，教育者是主体；从受教的角度来看，受教育者则成了主体。

第三，多主体说。持该观点的学者认为，在思想政治教育实践过程中，思想政治教育的主体由教育者、受教育者、介体、环体等要素共同构成。虽然学术界在这一问题上尚未达成共识，但就目前的研究趋势来看，大部分学者都注意到了受教育者的主体地位，逐渐倾向于将教育者和受教育者两者视为共同主体。换而言之，思想政治教育的主体是参加其教育活动之中的所有人和组织。

2.思想政治教育客体

从哲学角度来看，客体是指人类活动的对象。鉴于思想政治教育这一活动是人类社会实践活动的重要组成部分，因而其必然也是对象性活动之一，即通过某种活动使对方具有自身的规定性。鉴于思想政治教育作用的对象是人而并非物，因此，对思想政治教育客体的界定应当从人与人的关系上进行划分，即思想政治教育的客体是主体的行为，是主体互动中有思想、有情感、有意志的共同行为。

按成长环境、生活阅历、社会身份、知识背景等不同类型、不同层次划分的不同的主体所具有的行为，具有鲜明的广泛性、层次性、可塑性与自觉能动性。思想政治教育主体的行为，既包括教育者的主导行为，又包括受教育者的积极行为。行为开展互动，就会产生有效作用。正确区分主体、客体，并对主客体的构成及其在思想政治教育中所处的地位有着清晰的认识，是我们深入研究包含思想政治教育本质在内的各类相关理论问题的关键。

（三）思想政治教育的特点

新时代思想政治教育是在继承马克思主义、中国共产党人的思想理论和实践基础上，以习近平关于教育的重要论述为理论指导的教育，具有鲜明的时代性、阶级性、政治性、科学性、导向性、实践性和综合性。

1.时代性

思想政治教育是时代的产物，始终与时代同步、与历史同行。思想政治教育之所以具有时代性，是因为它始终扎根现实生活，其核心内涵、目标、手段等总是随着时代的变化而不断发展变化，反映的内容始终带有时代的烙印。当今世界正处在百年未有之大变局之际，经济全球化不断发展，各种社会思潮相碰撞，各个国家综合国力的竞争终究是人才的竞争。新时代对教育提出了新要求，如立德树人、"三全育人"、铸魂育人等新思想的产生，符合当今时代发展的趋势。在当今新媒体技术迅猛发展的背景下，抓住网络这个大平台成为教育的迫切任务。新时代思想政治教育紧扣时代脉搏，更加注重和网络平台、新媒体技术的结合，高校的微信公众号、人工智能技术、线上慕课课堂等形式不断多样化。

2.阶级性

思想政治教育作为国家进行统治的工具，是国家意识形态的反映，其主要任务就是塑造人、促进人以使其形成符合社会需要的思想品德素质。统治阶级的思想在每一个时代都是占统治地位的思想，占统治地位的思想不过是占统治地位的物质关系在观念上的表现，不过是以思想的形式表现出来的占统治地位的物质关系。统治阶级同时支配着社会的物质资料生产和精神生产，为了巩固自己在思想上的统治地位，它通过思想政治教育进行舆论宣传和教育引导来进行本阶级"思想的分配和生产"。作为无产阶级思想分配的手段，思想政治教育立足教育对象的根本利益与需求，主要任务在于以马克思主义基本理论为指导，用无产阶级的立场、观点和方法对人的价值观念、政治观点、道德信念进行引导，帮助人脱离传统关系的束缚而找到与社会相处的新方式，建立与本阶级相契合的价值观念和道德观点，最终达到人的思想道德素质与无产阶级社会发展相吻合的状态，这便是思想政治教育阶级意识渗透性的表现。

3. 政治性

思想政治教育的政治性表现在它以马克思主义为根本指导思想，不仅反映人民群众的根本利益，而且体现着党的路线、方针、政策。鲜明的政治性和党性是高校思想政治教育的根本属性，所有的教育目的和内容都围绕政治性展开，思想政治教育一旦脱离政治性，教育教学活动就失去了社会主义办学的根本。尤其在与各种社会思潮的斗争中，必须始终坚持党的领导，始终坚持社会主义办学方向，始终坚持旗帜鲜明地讲政治。

4. 科学性

新时代思想政治教育不是凭空产生的，它是党和国家在新的历史方位对思想政治教育提出的新要求、新思想、新理论。习近平总书记对高校思想政治教育的思想理论是在汲取中华优秀传统文化、马克思主义经典著作中的重要理论、中国共产党人的思想精华的基础上发展和创新的，因此，它的体系是科学的而不是零散的。这些思想理论系统总结了高校思想政治教育的目标方向、主要内容、原则方法、实现途径等，扎根现实生活、彰显时代精神，具有符合社会发展规律和人的发展规律的科学性。如在经济全球化的今天，部分教师和学生容易在经济全球化的浪潮里迷失了方向，因此要围绕"立德树人"开展教育工作。由此看出，新时代思想政治教育是以人和社会的发展规律为依据，以人的全面发展为目的的科学教育。

5. 导向性

思想政治教育的导向性就是坚持国家意识形态的主导地位，以此增强全体人民的政治认同、激发爱国热情和培养民族精神、促使个人形成正确的价值观念、提高群众的凝聚力和向心力。

一是思想政治教育对理想信念的导向。理想信念对个人的认识和实践具有指向性和导向作用，影响持久深远。思想政治教育擅长以有效的精神激励来发挥人的积极性和创造性，它通过正面引导来激发人的内在精神力量，以全面发展的人的目标来激励和引导人的观念现代化的实现。人的精神需要越强，精神的内在驱动价值就越大，理想信念的坚定程度就越高。

二是思想政治教育对目标定位的导向。融合社会发展与个人成长，通过引导使社会目标转化为个人目标是思想政治教育的主要任务。社会现代化的目标转化为人的现代化奋斗目标需要思想政治教育根据个人实际情况和个性特点加以引导。

三是思想政治教育对行为标准的导向。思想政治教育的落脚点在于将个人内在的思想修养外化为行为实践以实现知行统一，主要通过道德规约和法纪规约两种方式来完成行为导向，对现代人的行为方式有着内化约束作用。

6. 实践性

空谈误国，实干兴邦，思想政治教育就其本质而言就是一种特有的社会实践活动，因而也离不开社会实践，它并不是空讲大道理的"纸上谈兵"式教育，更不是远离我们日常生活的"空中楼阁"。如在传统的理论教育中，由于理论和实践的结合不够密切，高校思想品德工作很难做到真正的内化于心、外化于行。对于此，习近平总书记提出了"以知促行、以行促知、知行合一"的要求，就是希望新时代的大学生不仅要掌握先进的科学知识，而且要把知识与现实结合起来，在实践中创造价值。新时代思想政治教育的根本目标是要培养全面发展的时代新人，只有在实践中不断探索、求真务实，才能真正检验思想政治工作的成果，培养出祖国建设的优秀人才。

7. 综合性

综合性作为思想政治教育固有的学科属性，是其知识品格和知识存在状态的指向，揭示了思想政治教育学科的复合系统性与多维变化性。思想政治教育的综合性是基于其实践活动所展现的知识的多样性、开放性与整体性的统一，具体表现在以下几个方面。

一是知识来源的多样性与开放性。从知识构成来说，思想政治教育既以马克思主义基本理论为基础，又充分借鉴和汲取政治学、心理学、社会学、伦理学等多门学科的知识和方法。从另一方面证明思想政治教育是在开放的知识语境而非单一闭环的情境中完成学科创设和创新的，具备开放包容的品格。

二是知识结构的整体性。思想政治教育虽然以多学科知识为借鉴，但并不意味着其知识体系的构成是这些资源的简单挪用或拼合。思想政治教育是整合多学科知识结构、规律所形成的独立学科，在综合学科交叉中具备主导性和分析性，拥有自己的理论逻辑和实践逻辑。

三是知识生成的动态性。综合理论与实践的关系来说，实践活动是推动思想政治教育发展的根源，在实践中不断推进理论创新是其根本要求。从这个层面上看，思想政治教育的综合性不仅是知识的静态呈现，而且也蕴含着知识生成与演进的复杂变化，反映着其知识体系更新的演化机制。

（四）思想政治教育的目的

思想政治教育的目的也被形象地比喻为思想政治教育的灯塔。目的是为实际工作的开展提供最基本的价值导向，偏离了目的，工作的具体内容、具体任务就失去了意义。因此，要探求思想政治教育的本质，就需要系统整理和归纳思想政治教育的目的，以为进一步的研究指明方向。

1. 思想政治教育的根本目的

思想政治教育的目的不仅是以观念的形式对受教育者的思想道德修养进行客观规定，同时也反映着受教育者个体向前向好发展的客观需要，既有以社会整体为服务目标的社会规定性，又有以个体发展为目标的个体发展性。因此，思想政治教育的目的就可以理解为是上述两者兼备的一种价值追求。从思想政治教育目的的社会规定性来看，它受客观物质条件制约，脱胎于现实社会条件，映射着客观社会的同时指向未来，是某一或某类阶级对未来社会理想状态的憧憬与神往。可见，思想政治教育的目的为后续实践活动的发展指明了前进的方向，且体现着该活动的本质、制约着该活动的基本教育内容，更在极大程度上影响并制约着该活动运行的具体过程。可以说，若想进一步研究思想政治教育本质等相关理论问题，那么就必须对思想政治教育的目的进行全面准确的梳理与解读。

思想政治教育的目的存在着多种分类方法，共同构成了一个有机整体，即思想政治教育目的体系。具体而言，可以从范围、对象、时限、地位等出发对该体系进行划分。其中按现实地位进行划分，可将思想政治教育的目的划分为根本目的和具体目的。作为高层次的"抽象理想"，思想政治教育的根本目的是我党以期借助该教育活动所要实现的终极目标，故我们可以对思想政治教育的根本目的做如下定义：以提升个体思想道德素质为切入点，引导个人的全面发展，促进社会整体进步，激励人们为建设中国特色社会主义、最终实现共产主义而奋斗。

2. 思想政治教育的具体目的

从以上关于思想政治教育根本目的的论述中不难看出，根本目的并非具体的，而是抽象的。但是，作为根本目的的"细化"，思想政治教育的具体目的则是具体的。因为思想政治教育的根本目的是我党必须经过长期努力才能实现的长远的、终极的目标。倘若将其按照结构层次和过程环节等层层分解，得到的就是一个个具体的目标，也就是思想政治教育的具体目的。

值得一提的是，思想政治教育的根本目的由社会制度所决定。也就是说，社会制度的不同会导致该活动的根本目的也各不相同。基于此，思想政治教育的根本目的是一元的。而思想政治教育的具体目的是经过分解了的根本目的，因而其是多元的。首先，从受教育者的角度来看，其在社会中所处的地位的不同决定了其所隶属的利益群体也各不相同。因此，针对不同的利益诉求，相应的思想政治教育的具体目的也就有所不同。其次，从政党自身的角度出发，中国共产党工作领域与工作目标的不同决定了党在某个特定历史时期所开展的思想政治教育活动的具体目的有所不同。举例来说，现阶段，将我党的强国建设目标进行分解，便可得到一个个具体的思想政治教育目标：从纵向上看，可以分解为不同时期、不同阶段的具体目标；从横向上看，可以分解为不同行业、不同领域、不同部门、不同人群的具体目标。综上所述，可以将思想政治教育的具体目的定义为具体的、现实的、多元的且有差异的目标。

（五）思想政治教育的内容

简单来说，思想政治教育是教育者从适应社会发展要求的角度出发，针对受教育者思想的实际情况，有选择性、有目的地向其传递具有价值引导性的思想政治信息。

我国思想政治教育的内容以社会主义核心价值体系为指导，核心内容有世界观教育、人生观教育、理想信念教育等。思想政治教育同时也是一种教育实践活动，具有导向作用、凝聚作用、稳定作用，对大学生心理健康具有调节作用等。

思想政治教育有四大内容，即思想教育、政治教育、法治教育和心理健康教育。在对高校学生进行精神文明建设的过程中，心理健康教育的地位是不容忽视的，通过对学生进行正面的引导，让其保持健康良好的心理状态和情绪，为其他教育内容的开展提供一个稳定的心理平台，促进人的全面发展。

思想政治教育作为我国社会意识形态和社会成员品德的导向，是以人为作用对象的，帮助社会成员树立正确的价值观，协调处理人与人、人与社会发展之间的各种矛盾，促进社会创新，推动社会稳定发展。根据时代发展的要求，对大学生进行爱国主义教育，引导大学生保持积极向上的理想信念、法治观念等是现阶段我国思想政治教育的基本内容。

（六）思想政治教育的任务

思想政治教育的根本任务同思想政治教育的根本目的相适应，且始终为思想政治教育目的的实现而服务。现阶段，在思想政治教育根本目的的规定下，可以将该活动的根本任务概括为：引导受教育者坚定崇高的理想信念，培养受教育者良好的道德品质，提高受教育者的文化素养水平，增强受教育者的法治观念，培育和造就新时代合格的建设者和可靠的接班人。

1. 筑牢理想信念之基

习近平总书记曾在《坚定理想信念 补足精神之钙》一文中指出："理想信念就是共产党人精神上的'钙'，没有理想信念，理想信念不坚定，精神上就会'缺钙'"。由此可见，一个国家、一个民族只有拥有坚定的理想信念，才能拥有顽强的生命力，才能在时代的浪潮中稳步向前。在新时代的今天，广大青少年作为中国特色社会主义的建设者、接班人，对其进行理想信念教育自始至终都是我党思想政治教育实践的重要工作任务。具体而言，理想信念教育作为我党的一项长期性、系统性工程，要始终坚持引导受教育者在充分认同科学理论的状态下、在准确认识历史规律的前提下、在精准把握基本国情的条件下，坚实筑牢理想信念的思想理论之基。

2. 明大德、守公德、严私德

国家的强大不仅仅体现在物质层面上，更体现在精神层面上。而精神层面的强大极大地依赖于全体社会成员道德修养的提升。2019 年，中共中央、国务院在《新时代公民道德建设实施纲要》中特别指出，要狠抓公民道德建设，加大建设力度，提高社会层面全体公民的思想道德修养。从这一文件要求中可以看出，思想政治教育的重要任务包含了对受教育者进行道德教育，引导受教育者自觉遵守社会道德规范，以做到"明大德、守公德、严私德"。

在对受教育者进行道德教育时，应首先引导受教育者锤炼崇高的个人品德，引导受教育者自律、自省、慎独，最终内化于心外化于行，在实践中提升个人的道德修养。在此基础上，教育者应循序渐进，有层次地对受教育者进行社会公德、职业道德、家庭美德等公民基本道德规范的教育。对社会成员进行修德教育，不仅是维护社会稳定的迫切需要，更是保证青少年健康成长的应有之义。需要特别强调的是，社会主义道德的具体内容并非一成不变的，而是顺应时代发展需求而不断变化的。因此，教育者在进行德育教育时，要帮助受教育者及时树立与时代发展相适应的新的道德观念，保证受教育者始终以与时俱进的精神面貌，积极投身于社会主义现代化强国的建设之中。

3. 培育和践行社会主义核心价值观

党的十八大提出的 24 字社会主义核心价值观，是全国各族人民在党的领导下攻坚克难、历经千辛万苦得来的宝贵经验和精神财富，集中体现了当代中国精神，为当代中国社会向前向好发展提供了精神支持和价值引领。先进的党内分子曾多次强调，社会主义核心价值观的教育不能限于一隅，要大范围、全方面、多层次地开展，并明确指出培育和践行社会主义核心价值观，是我党的重要战略任务，是带领全国各族人民实现中华民族伟大复兴中国梦的关键。但是，作为一项重要战略任务，社会主义核心价值观的培育和践行并非在短期内就能完成的。所以，要想推进社会主义核心价值观的培养，更好更快地在社会层面践行其内容，就要做到法理并举——不仅要将社会主义核心价值观的内容要求写入法律条文之中，赋予其法律上的制度保障，还要借助思想政治教育之"手"，充分发挥其应有的作用。简单来说，思想政治教育者要从认知认同、情感认同、行为认同等教育层面入手，坚持推进社会主义核心价值观的宣传和教育工作，做到守正创新，久久为功，以最终在社会范围内实现社会主义核心价值观的"入脑、入心、入行"。

4. 弘扬民族精神和时代精神

社会主义核心价值观、民族精神和时代精神被学者形象地比喻为托起文化自信的三大支柱。其中，以爱国主义为核心的民族精神和以改革创新为核心的时代精神统一于中国精神，二者为我们坚持和发展中国特色社会主义、实现中华民族伟大复兴中国梦提供了宝贵的精神资源；为文化自信的保持和增强、为新时代中华民族的进步与发展提供了强大的精神力量和坚实的道德支撑。因此，在新时代这一大背景下，思想政治教育工作者必须认清自身的教育使命，围绕新时代的新要求，大力弘扬中华民族精神和时代精神，发挥模范带头作用，积极引导受教育者系统学习，并发扬党领导人民创造的优良传统和宝贵的精神品质，以传承和发展这一宝贵的精神财富，构筑中华民族共有精神家园。

5. 遵法守法用法

法律是成文的道德，道德是内心的法律。自 1986 年以来，我国已完成七个五年普法计划，而青少年法治素养的培养向来是普法工作的重要内容之一，目的就是使广大青少年掌握法治知识、确立法治情感、树立法治观念、养成法治行为。建设社会主义法治国家，完善的法治体系和严明的社会纪律是必不可少的，但更离不开全体社会成员的共同配合。由此可以得出结论：增强受教育者的法治意识，不仅是现阶段建设社会主义法治国家的内在要求，更是现阶段实现社会主义现代化的必要条件。所以，教育者要通过多种途径，大力加强社会主义法治文化建设，在全社会范围内营造讲法治、重道德的良好氛围，引导受教育者增强以"宪法至上，依法治国"为核心的法治意识，坚守道德底线，严格依法依规行事。

（七）思想政治教育的功能

1.思想政治教育功能的内涵

关于思想政治教育功能的内涵，大致可以概括为以下几点。

第一，作用效能论。有学者认为，思想政治教育功能就是指思想政治教育对教育对象的积极作用。该观点将思想政治教育功能等同于作用或效能，直接体现出思想政治教育的存在意义。

第二，要素关系论。从系统科学的视角，依据"要素—结构—功能"的逻辑，将思想政治教育功能内涵解释为，系统内部各要素之间以及思想政治教育系统与外部环境之间相互联系、相互作用表现出来的结果。这一视角下的定义不仅深入把握了思想政治教育系统内部之间的联系，而且挖掘了其与外部环境之间的关系与作用，更加系统科学地界定了思想政治教育功能的内涵。

第三，职能价值论。从某种角度上来讲，思想政治教育功能就是其职能的外在表现。思想政治教育本身具有鲜明的实践性，探索其对社会发展的作用、效用与价值，回应社会变革中的重大问题，是思想政治教育功能研究的有益尝试。

改革开放以来，我国社会发生了翻天覆地的变化，思想政治教育试图在社会管理、社会治理中承担学科责任、肩负学科使命、发挥学科功能。因此，在关于思想政治教育功能的众多辨析与确证中，"作用效能论"直面现实发展需求，更能体现出思想政治教育功能的直接目的与本质意蕴。

2.思想政治教育功能的特征

特征是指某一事物所具有的特性，是独有的象征和标志。思想政治教育功能的特征，源于思想政治教育学科属性、学科使命、学科发展。目前来看，关于思想政治教育功能特征的总结丰富多样，大致可以总结为客观性、发展性、多样性。

（1）思想政治教育功能的客观性

客观性与主观性相对立，是指一事物不依据主观意识与思想的变动而变动的独立存在的属性。所谓思想政治教育功能的客观性，主要表现为其形成的客观性、存在的客观性以及实现的客观性。

首先，形成的客观性。进入阶级社会以来，思想政治教育活动便作为一种教育现象，客观存在在社会发展中，并伴随着人与社会的发展而发展。思想政治教育功能是思想政治教育活动与效果的外在呈现，其蕴含在思想政治教育活动的全程中。因此，思想政治教育功能的形成具有客观性。

其次，存在的客观性。思想政治教育活动的客观存在性决定了其功能的客观存在性。思想政治教育功能存在的客观性是指其不以人的意志为转移。任何一项社会活动都具有其最初的旨意与目的，思想政治教育活动的目的就是坚持主流意识形态的主导与灌输，那么其功能的发挥主要是实现对社会成员进行意识形态的引领与调整。由此看来，思想政治教育功能的客观存在性是其活动的目的与意义赋予的，而非根据主观性架构的。

最后，实现的客观性。思想政治教育功能形成的客观性、存在的客观性决定了其实现的客观性。思想政治教育之所以长期存在并将继续存在和发展，就是因为它对人的全面发展和社会的发展进步有着不可忽视的重要功能；这种功能是客观存在的，人们只能影响这种功能发挥的水平和程度，而不能无视它或人为地消灭它。同时，思想政治教育功能发挥与实现的效果性，不仅仅以社会成员是否承认为标准，还受一定物质基础和社会环境的影响。因此，思想政治教育功能的发挥与实现也具有客观性。

（2）思想政治教育功能的发展性

思想政治教育功能并非一成不变的，其主要随着社会需求的变化而变化。思想政治教育功能所具有的发展性主要表现为传统功能的优化、现有功能的强化以及新兴功能的出现。

首先，传统功能的优化。自从人类社会出现思想政治教育活动，其功能便开始发挥作用。思想政治教育的传统功能在实现人的全面发展、推动社会进步方面发挥了关键作用，至今依然存在着重要价值。但是随着中国特色社会主义进入新时代，思想政治教育的传统功能也逐渐得到优化，实现从传统到现代的转变。

其次，现有功能的强化。对思想政治教育的现有功能进行强化，也是其发展性特征的主要表现。如在现阶段，思想政治教育的生态功能不仅仅局限于对受教育者进行生态意识的培养，还在于鼓励其参与到生态保护的社会实践中。

最后，新兴功能的出现。近年来，随着社会的快速发展，思想政治教育的现代性特征也更加明显，这在一定程度上呼吁了新兴功能的出现。学者关于思想政治教育新兴功能的研究逐渐成为一种趋势。各种新兴功能如雨后春笋，助推了思想政治教育功能的发展。

（3）思想政治教育功能的多样性

思想政治教育功能的多样性特征主要表现在其功能类型是多样的、功能受众是多样的、功能效果是多样的。

首先，功能类型的多样性。从个体与社会的角度划分，可将其划分为个体性功能与社会性功能；从本体与具体的角度划分，可将其划分为本体功能与具体功能，其中具体功能一般是本体功能的衍生物；从发挥效果的角度划分，可将其划分为正功能、负功能与零功能；从服务领域的角度划分，可将其划分为经济功能、政治功能、文化功能以及生态功能等。

其次，功能受众的多样性。思想政治教育功能得以实现，关键在于和社会主体发生关系、产生作用。目前看来，思想政治教育的受众群体是多样的。如思想政治教育对军人的影响、对领导干部的影响、对农民的影响、对大学生的影响、对少数民族人民的影响等。

最后，功能效果的多样性。思想政治教育活动发生的环境会对功能的效果产生一定影响。良好的环境有助于预期功能的实现，而恶劣的环境则不利于功能的实现。思想政治教育方法同样也是影响功能效果的原因之一，合理得当的方法会助推功能的发挥，反之则不然。

3. 思想政治教育功能的类型

（1）社会治理功能

①思想整合与价值引领功能。中国特色社会主义进入新时代，我们在取得举世瞩目伟大成就的同时，也面临许多新情况和新挑战。根据马克思主义关于人的全面发展的理论，我们知道应该充分重视社会成员道德层面的发展。新时期随着国家政治、经济、文化、社会的发展，中国特色社会主义建设进入新的发展阶段，人们的生活水平也随之提高，但同时我国也进入了关键的社会转型期。另外，在经济全球化的冲击下，我国在抓住各种机遇的同时，也面临着极其严峻的挑战，其中最具威胁力之一的即是西方某些消极思想对国民思想观念和价值取向的影响。多元的西方文化思潮不断冲击着中国文化，导致我国民众的思想价值观、行为方式等都受到了一定的直接或间接的影响。如果任由这些负面思想盛行，将导

致社会风气不良，造成部分国民信仰偏差，最终影响社会主义核心价值观的树立，给新时代社会治理带来严重的困难和严峻的挑战。

面对这样的社会困境，任何人都必须坚定地树立正确的信念，并始终坚定崇高的理想信念，坚决树立社会主义核心价值观，充分发挥其积极功能，凝聚民众的思想、坚定人们的信仰，提升社会成员的思想认识，提高人民的道德素质，提升群众的品德修养。其价值引领功能，具体来讲是指以社会治理的视角分析，运用其载体手段的功能，对社会成员进行教化，从而达到社会成员形成共识的目的，其本质就是通过柔性的手段和引导的方式，对受教育者进行意识形态方面的教化。在社会治理中，思想政治教育的思想整合与价值引领功能是其核心层面的功能。面对各种文化的强烈冲击、面对思想建设的种种压力、面对人民群众的各种诉求，思想政治教育有其必然履行的职责。它需要根据时代的发展和社会的诉求，倡导中国社会主流意识形态，用主流引领大众，消除消极思想观念，整合思想价值，帮助社会成员树立社会主义共同理想，坚定社会主义共同信念，增强民众的意识，提高大众明辨是非的能力，并能积极主动地参与到社会主义现代化建设中。总而言之，其思想整合与价值引领功能发挥着重要作用，思想和价值的统一有利于行动的统一，有助于营造和谐有序的社会氛围，推动社会治理有效进行，推进国家发展欣欣向荣。

②关系协调功能。社会的稳定、和谐与有序发展依赖于良好的社会关系，只有处理和协调好各种社会关系，才能推进社会治理的有效进行。正确处理人民内部矛盾理论告诉我们，面对社会和人民内部出现的各种矛盾，对待群众思想和精神方面的问题，需要采取讨论批评、说服教育等方法进行处理，这样才能更好地解决社会成员间出现的矛盾和问题。

新时代背景下，随着社会政治与经济的迅速发展，国家的社会结构发生了巨大的变化。在社会主义现代化建设中出现的各种社会矛盾和面临的各种利益冲突，从根本上来说是不协调的各种社会关系导致的。在社会主义现代化建设中，不同的社会实践活动必然导致不同的利益诉求，于是人们在生产生活中产生了各种利益关系，这些利益分配问题必然会造成社会成员之间的冲突和矛盾。复杂的利益矛盾和摩擦大大打击了人们的积极性，阻碍了社会主义现代化建设的进程，最终导致社会治理无法顺利开展。因此，协调好社会利益关系是当前社会面临的既重要又迫切的现实课题。只有妥善协调好社会利益关系，才能有效缓和社会矛盾，为中国特色社会主义现代化建设提供一个稳定的社会环境，有效推进国家治理体系和治理能力的现代化。

其关系协调功能，就是要充分发挥协调社会和社会成员中出现的各种较为复杂关系的作用，其中包括个人与政府的关系、市场与社会的关系等。首先了解社会主体所产生的矛盾和问题，再针对性地通过理论教育、积极讨论和说服引导的方式，在尊重各方诉求的前提下，使社会主体能够正确认清利益本质，缓解矛盾，妥善处理各种利益关系。这不仅能减少政府、社会、个人之间的各种矛盾和问题，而且能促使各主体之间相互理解和信任，增进他们之间的交流与合作，最终实现合作共赢。

③社会控制功能。建设社会主义和谐社会既是重要的，也是必要的。社会的有序运行和正常发展离不开科学合理的社会控制。其手段是多种多样的，既包括强制手段，又包括柔性手段。强制手段包括政策制度、法律法规等，柔性手段包括思想道德教化、风俗习惯培养、信仰信念建立等。无论是强制手段还是柔性手段，其目的都是规范人们的思想意识、稳定社会秩序、约束行为准则，从而保障社会有序的、和谐的发展，推动治理工作能够顺利展开。

显然，其社会控制功能在此方面即是一种合理有效的手段，能够有效满足社会稳定发展的需求。本质上讲，目前社会秩序出现的困境和挑战一定程度上是由于思想方面出现了问题，因此我们必须将思想工作做到位，充分发挥思想政治教育在社会治理中的社会控制作用。思想政治教育作为一种十分有效的柔性社会控制手段，能够针对社会运行过程中人们出现的思想偏差和价值偏差，采用教化、说服、宣传、引导等方式顺利开展工作，采用柔性的、科学的、民主的教育方式，通过引领、协调、引导、鼓励等方法，宣扬社会主义核心价值观，提升社会成员的思想认识，提高人民的道德素质，提升群众的品德修养，在正能量中，用道德的力量让人们在潜移默化中接受教育，能够约束和自觉规范自己的举止和行为，形成正确的思想认知和科学合理的行为。

④激励功能。习近平总书记在系列重要讲话中，明确要求创新治理的方式。在新时期这个中国社会发展的重要历史阶段，社会的发展和社会生产力水平的提高都需要更多的社会力量主动、积极地参与其中，保障群众的力量充分凝聚以及群众智慧的充分发挥。那么，如何才能充分凝聚群众的力量呢？通过思想政治教育发挥其激励功能无疑是最行之有效的办法之一。思想政治教育学原理中的激励功能指的是，教育主体对教育对象采取各种与激励有关的方式，以激起其心理思想和内心情感以及行为方式的变化，使其产生符合社会期望的反应，从而达到教育的最终目的。激励最直接、本质、现实的功能是最大程度地肯定了思想政治教育对人和社会的激励作用，具体的激励手段包括信仰激励、理想激励、道德激励、

奖惩激励、榜样激励、情感及艺术激励等。其激励功能其实就是在社会治理的工作过程中，利用一定的激励原则对社会主体进行激励所产生的作用。其激励作用，主要体现在两个方面。一方面，可以通过开展相关教育方面的工作，充分挖掘社会成员的潜能，使社会成员在提升能力和素质的同时积极参与到社会主义现代化建设中，为社会治理的开展贡献自己的智慧和力量。另一方面，通过思想政治教育可以激发社会组织的活力，不断完善自我和增强本领，提高其服务的能力与服务的效率。总体而言，其激励功能是思想政治教育社会治理功能中重要且必不可少的功能之一，在激发社会主体热情、鼓励社会组织参与、凝聚社会智慧和力量方面都发挥着重要作用，为教育和治理工作的顺利、有序开展提供了充分的保障。

（2）社会心态培育功能

思想政治教育社会心态培育功能的发挥，最终目标旨在使全社会形成自尊自信、理性平和、积极向上的社会心态，为社会主义和谐社会的构建、社会主义现代化强国目标的实现以及中华民族伟大复兴中国梦的推进奠定健康的心态基础。

①促进社会成员身心全面发展。社会心态归根结底是一种心理活动的表象，是立足于个体心理活动变化的外在体现。因此，思想政治教育发挥社会心态培育功能的过程，也就是从社会成员的心理层面促进社会成员身心全面发展。

一是帮助社会成员形成健康的心态。首先，有助于培育个体的正确认知。认知是个体社会心态形成的基础与发端，其决定着社会心态最终的样态和表征。思想政治教育在进行社会心态培育的过程中，需要对社会成员进行知识的灌输、思想的教育、道德的重塑，以期帮助社会成员形成正确科学的认知，为和谐社会心态的培育奠定良好的认知基础。其次，有助于涵养个体的健康人格。人格是个体在社会化进程中，在对外界事物适应的过程中产生的内部倾向和心理特征，是能力、气质、动机、理想、价值观等的整合体，表现在个体知、情、意等心理活动的各个方面。思想政治教育社会心态培育功能的发挥，不仅培育了社会成员的正确认知，而且在个体的人格优化方面凸显出巨大作用与特有价值。最后，有助于个体形成积极的态度。态度是一种心理倾向，凝聚了认知成分、情感成分和行为成分，其决定了社会成员对于社会发展的看法。思想政治教育从个体对外界的态度入手进行调适和培育，不断改变错误态度、嘉奖正确态度，优化个体的认知、人格和态度。

二是帮助社会成员提高个人的社会素质。首先，推动个体心理素质的提升。心理素质是以情绪为内核、受先天遗传与后天教育而形成的心理潜能、心理能力和心理动力。心理素质与社会心态具有紧密联系，心理素质会对社会心态的形成具有一定影响，而社会心态对心理素质具有反向塑造作用。思想政治教育可以为社会成员传输良好的心理健康教育，帮助社会成员内化有关心理健康的知识，习得负面情绪的调节方法，从整体上提升社会成员的心理素质。其次，推动个体思想道德素质的提升。思想政治教育在发挥社会心态培育功能的过程中，以思想教育、道德教育、政治教育以及心理教育为基准，借助合理科学的培育方法，对社会成员进行思想上的内化、道德上的涵养、政治上的教化，不断提升社会成员的思想道德素质，塑造适合个人发展的思想品德结构。最后，助力个体社会修养的提升。在经过思想政治教育对社会心态的培育后，社会成员能够理性冷静地看待与处理社会中的各种突发事件，展现出自身的社会修养，为建设社会主义和谐社会营造良好的社会氛围。

②推动思想政治教育创新发展。思想政治教育的社会心态培育功能，承载着社会发展对思想政治教育的要求，激发思想政治教育在社会主义现代化建设过程中迸发出新的活力。思想政治教育的功能不是一成不变的，而是不断优化与改进，跟随社会发展而不断实现自身的现代化转变。

一是有助于推动思想政治教育功能的转型。首先，实现由单一功能向多样功能的转型。改革开放之前，党和国家的主要任务是以阶级斗争为纲，思想政治工作成为党和国家革命和建设的重要武器。在此过程中，思想政治教育主要承担着政治宣传的使命，表现出政治功能，并呈现出单一性特征。改革开放后，各领域全面发展，思想政治教育的实践领域逐渐覆盖全领域，功能也逐渐多样化，涉及经济社会建设、政治制度建设、文化社会建设等多个领域。思想政治教育的社会心态培育功能，就是新时代思想政治教育功能的显著发展。其次，助推思想政治教育功能由传统向现代转变。随着我国社会主义现代化建设征程的开启，思想政治教育功能也实现了从传统向现代的转变。社会心态培育功能，就是为了解决现代化建设过程中在心理和精神层面出现的新问题，是迎合了新时代社会发展需要的新功能。

二是有助于推动思想政治教育参与社会治理。首先，拓宽思想政治教育参与社会治理的渠道。思想政治教育历来是党团结带领人民群众进行革命、建设与改革的重要工具和关键法宝，在不同的历史阶段，思想政治教育在社会治理中承担起政治宣传、理论宣介、树立信仰、构建理想的关键作用，为中国特色社会主义的建设与发展贡献了学科力量。思想政治教育社会心态培育功能的发挥，实现了从个体心理的角度对社会进行柔性治理。其次，创新思想政治教育参与社会治理的方法。思想政治教育以什么样的方式进行社会治理，同样是思想政治教育在社会建设中需要解决的问题之一。思想政治教育以社会心态培育为平台，紧抓社会心态现存的问题，克服消极社会心态对社会治理的障碍，从而为社会治理奠定良好的心理基础。最后，明确思想政治教育参与社会治理的目标。社会心态的培育是社会治理的重要组成部分，要将培育健康的社会心态作为思想政治教育参与社会治理的目标之一，为思想政治教育参与社会治理指明方向。

③为国家的强盛提供永续的精神动力。和谐社会的建设与治理，基本工作之一在于稳民心、聚人心。思想政治教育发挥社会心态培育功能，为健康良好的社会心态的形成提供了柔性措施，有利于凝聚社会共识、形成社会认同、融汇社会主义核心价值观，为和谐社会的建设提供了坚定有力、持久永续的精神动力。

一是为和谐社会的治理搭建稳固的平台。首先，有利于构建和谐的人际关系，为和谐社会的建设营造良好的氛围。和谐的人际关系以良好的社会心态为基础，建立在相互信任、互帮互助、团结友爱等基础上的人际关系是和谐社会的重要表现。思想政治教育通过一定的方法，培育社会成员健康的社会心态，在此基础上打造和谐的人际关系，从而为和谐社会的建设与治理奠定良好的人际关系基础。其次，有利于形成稳定的社会秩序，为和谐社会的建设提供良好的氛围。稳定的社会秩序是国家富强、民族振兴、人民幸福的基本保障，是政治、经济、文化、社会、生态有序发展的坚实基础。稳定的社会秩序建立在良好的社会心态之上，开放包容、理性平和的社会心态是社会安定秩序形成的重要基础。思想政治教育发挥社会心态培育功能，培育了良好的社会心态。

二是为国家的繁荣富强提供持久永续的精神动力。首先，有利于凝聚健康向上的社会主义核心价值观。社会主义核心价值观始终是我们行动的指南和追求的目标。通过思想政治教育培育出积极向上的社会心态，为社会主义核心价值观的凝聚提供肥沃的土壤，为实现党的战略目标构筑坚定的价值信仰，为实现中华民族伟大复兴中国梦提供永久的精神动力。其次，有利于凝聚坚定的社会共识与社会认同。在思想政治教育社会心态培育过程中，教育者通过一定的思想教育、道德教育、政治教育与心理教育，对党和国家的理论政策进行宣传，并将其内化于社会成员的认知与情感中，促使社会成员形成共同的、坚定的、正确的社会共识与社会认同。最后，有利于社会成员树立国家繁荣富强的自信心。在社会心态培育的过程中，思想政治工作可以引导社会成员对当下社会有正确的认识与看法，帮助社会成员坚定"四个自信"，让其充分理解我国在制度、道路、理论与文化等方面的显著优势，对实现党的第二个百年奋斗目标充满信心，斗志昂扬，以最好的心态助力党的工作的开展。

（3）国家治理功能

思想政治教育作为党的事业的重要组成部分，是随着党的理论创新而不断发展的。党的十八届三中全会首次提出国家治理能力现代化的命题，开启了国家治理的新篇章。党的十九届四中全会商议制定了关于国家治理专题的决定，系统总结了我国国家治理体系的显著优势，对国家治理现代化发展做了相应的战略部署，为国家治理的开展提供了理论和实践的指导。此后党和国家的重大会议和文件中多次提及国家治理以及国家治理能力现代化，并将其纳入国家战略发展规划之中。当前国家治理作为国家发展的重点，"是关系党和国家事业兴旺发达、国家长治久安、人民幸福安康的重大问题"，所以"建议加强我国国家制度和国家治理体系的理论研究和宣传教育"。思想政治教育是统治阶级通过意识形态来维护统治利益的关键手段，是党和国家负责引导和灌输社会发展所需要的主流意识形态的实践活动，在国家治理过程中能够起到调节人们思想观念、增强其价值认同等作用。

综上所述，思想政治教育国家治理功能是指思想政治教育在以坚持党的领导、人民当家做主和依法治国相统一为基本遵循的前提下，党、政府、社会、人民等多元主体共同参与，在完善和发展中国特色社会主义制度中实现国家治理体系和治理能力现代化，共建富强、民主、文明、和谐、美丽的社会主义现代化强国。

二、思想政治教育基础理论

（一）思想政治教育管理理论

作为思想政治教育学科的分支，思想政治教育管理是研究思想政治教育管理规律，以提高思想政治教育实效性为目的的理论。思想政治教育管理是为了实现预期的思想政治教育目标，教育者按照一定的管理原则，有计划地组织、协调、监督和实施促进教育对象思想政治道德素质提高的各种实践活动的总称。思想政治教育管理遵循的基本原理是思想先导原理、系统原理、人本原理、效益原理。其中，思想先导原理体现的是思想政治教育管理理论与实践的关系，指明了该理论在实践中的先导性；系统原理要求开展思想政治教育管理要将思想政治教育管理置于更大的系统下，以大局为根本，从而服从于全系统；人本原理的根本是强调人与管理之间的关系，要求坚持以人为本的原理来开展管理工作；效益原理则是追求效益的最大化，将调动的人力、物力、信息、时间等各类思想政治教育资源发挥到其最大的效果。因此，讨论大学生思想政治教育必须关注思想政治教育管理，遵循其基本原理，以大学生思想政治教育管理理论为实践活动的先导，指导管理实践活动，并在实践中不断推动理论创新，再对未来的实践活动发挥先导性的作用。

（二）思想政治教育方法论

思想政治教育方法论是对思想政治教育方法理论体系的系统论述。所谓思想政治教育方法论，就是在唯物辩证法的指导下，为了认识和解决人们的思想、行为与实际问题，采用由诸种方法所构成的体系，简单地说就是关于思想政治教育方法的理论体系。思想政治教育方法论与思想政治教育实践相伴而生，是开展思想政治教育活动，完成思想政治教育任务的工具。思想政治教育方法论有着纵向和横向的体系发展结构。纵向体系结构是以历史为根本逻辑，在不同时代背景、不同社会要求下开展的思想政治教育，在教育内容、教育方法等方面有着不同的要求，并且不同时代开展思想政治教育的方法是相互联系的，并在社会发展过程中不断得到完善和创新。而横向体系结构则是以教育结构的不同要素为基本逻辑，从教育者、受教育者、教育环境、教育目标、教育内容等方面出发，将思想政治教育方法从不同方面进行构建。新时代改变了思想政治教育开展的环境，丰富了思想政治教育开展的内容，加大了思想政治教育开展的难度，因而必须利用思想政治教育方法论的理论成果、研究逻辑，不断发展、完善和创新思想政治教育方法，提高思想政治教育的实效性。

（三）思想政治教育系统论

在思想政治教育理论的发展过程中，对其他学科知识的学习和借鉴逐步走向自觉，其他学科的理论在思想政治教育学科建设中发挥着重要作用。思想政治教育的系统思维利用多种学科来观察和分析思想政治教育工作，从中发现问题并加以解决，将系统理论与思想政治教育工作有机结合起来，从更具开拓性的视角研究和把握新时代思想政治教育的开展和保障工作。思想政治教育系统论对于研究新时代思想政治教育工作保障体系的意义可以从三个方面进行理解。

第一，关注高校思想政治教育工作每一要素的性质属性。系统是由诸多要素构成的，这些要素相互联系，没有这些要素就没有系统，要使系统内部诸要素正常运转，并且能够发挥出最好的作用和最佳效果，必须对系统中的诸要素进行全面的考察，从而更好地发挥思想政治教育工作中各要素的作用。新时代高校的思想政治教育工作是以学生思想政治课教育与日常生活的教育为主要任务而建构形成的工作系统。这个工作系统既有纵向结构，又有横向结构，在高校形成了较为完整、独立的思想政治教育工作系统。按照思想政治教育系统论的观点，高校思想政治教育工作这一整体与其内部的各个要素同等重要，其性质属性具有一致性。

第二，用整体性、系统性的思维方式检视高校思想政治教育工作的要素。用整体性、系统性的思维方式考察思想政治教育工作保障体系，不仅包括对高校思想政治教育工作这个整体本身的认识，还包括对高校思想政治教育工作内部各要素的认识以及各要素与周围环境的系统性认识。与传统的思想政治教育工作相比，新时代的思想政治教育工作表现出多样性的特征，但是多样性是建立在整体性基础之上的。根据思想政治教育系统论的观点，加强对高校思想政治教育工作的保障研究，必须坚持整体性视野，从思想政治教育工作这个整体来把握保障工作如何开展，确定具体保障措施的方向。由此，思想政治教育工作与高校其他工作成为一个系统，而不再是分散、杂乱内容的简单结合，此外，对高校思想政治教育工作整体、内部各项要素以及各要素与环境之间的复杂关系有了更为清晰的认识，也对高校思想政治教育工作的系统性、整体性认识更深刻。

第三，重视高校思想政治教育工作保障体系中系统与要素之间的逻辑关系。以思想政治教育系统学说为指导，分析并研究高校思想政治教育工作保障体系的相关内容，必须遵循逻辑性原则。系统论与思想政治教育学的结合是在分别对各自领域的问题进行系统、全面的分析研究后，找到其中的共通性所建立起来的新的理论观点和视角。在系统思想的指导下，要加强高校思想政治教育工作保障体系的研究，必须增强思想政治教育工作内部各要素之间的协同作用，营造和谐的教育氛围。根据思想政治教育系统论，一方面，强调要从整体出发，突出思想政治教育工作的引导性和感染性；另一方面，强调系统内部各要素之间的协同效应，即强调思想政治教育工作内部各要素、思想政治教育工作与其他学科要素之间通过系统配合，进一步提升思想政治教育工作效果。在叠加效应和协同效应的联合作用下，思想政治教育工作系统内部的凝聚作用不断得以强化，推动高校思想政治教育工作不断发展，从而形成高校独特的生态格局。

总之，新时代高校以思想政治教育系统论作为研究的基础，把思想政治教育工作中的各要素看作一个整体，用系统性的眼光看待思想政治教育工作中各要素与整体之间的关系，把高校思想政治教育工作的目标与方法有机集合起来，从系统优化的角度去思考问题，有助于找到提升高校思想政治教育效果的最佳方案。

第二节　思想政治教育的本质与价值

一、思想政治教育的本质

（一）以地位和功能论本质

关于中国共产党思想政治教育这一活动的论述，最早可追溯至1927年。那时，毛泽东在考察农民运动时，曾多次提及"政治教育"这一概念，并着重强调了政治教育的普及问题。紧接着，1932年7月21日，中共中央在《给中区中央局及苏区闽赣两省委信》中指出："政治工作不是附带的，而是红军的生命线。"在这里，我党给"政治工作"赋予了"生命线"这一重要地位。自此，"生命线"理论开始被我党反复提及。1934年，在红军第一次全国政治工作会议上，我党明确指出"政治工作是我们红军的生命线"。由此不难看出，在这一时期，中国共产党人倾向于以地位来论政治工作的本质。除此之外，对我党的思想政治教育实践进行历史追溯后不难发现，我党的思想政治教育的工作重点随着历史阶段的不同而不断发生变化。具体来说，在社会主义建设时期，我党将思想政治教育的工作重点由以"政治工作"为主转向以"思想工作"为主。刘少奇曾在第一次全国宣传工作会议上明确指出，"要加强党的思想领导"，做好思想工作。毛泽东也曾强调，"思想工作"和"政治工作"，都是完成经济工作和技术工作的保证。由此不难看出，虽然毛泽东早在1949年就明确提出了"思想政治教育"这一概念，但是这一概念起初并未被广泛使用，而是随着不同时期工作任务的不同，使用了不同的提法。尽管如此，我们依旧可以从中国共产党人的发言、报告、决议等的记载中发掘其对思想政治教育本质的基本认识，即认为思想政治教育由中国共产党发起，是集"思想""政治""教育"于一身，通过特定教育形式影响特定人群以达到特定"政治"目标为目的的活动。

（二）以属性论本质

邓小平曾在全国教育工作会议上的讲话中着重强调思想政治教育的政治性和科学性。而后，由于我党紧抓思想政治教育工作，促使思想政治教育实践活动得以不断深化。在此背景下，思想政治教育科学化的趋势也愈发明显。所以在这一阶段，围绕思想政治教育科学性这一话题，党内外展开了激烈的讨论。直至

1983 年全国职工思想政治工作会议的召开，我党才明确指出："思想政治工作是一门治党、治国的科学。"自此，思想政治工作的本质得以显露，思想政治教育的科学性也被揭示了出来。1987 年，在《关于改进和加强高等学校思想政治工作的决定》中，我党再次对思想政治教育这一学科的性质做了具体的论述，即"以马克思主义理论为基础、综合性和实践性都比较强的科学"。通过上述论述不难看出，在这一时期，我党倾向于以政治性、科学性等属性来界定思想政治教育的本质，这无疑是我党在思想政治教育本质的认识史上迈出的具有里程碑意义的一大步。

（三）以目的论本质

1978 年，党的十一届三中全会的顺利召开标志着我党的思想政治教育工作正式回归正轨。在深刻总结"文化大革命"带给我们的惨痛教训的同时，我党重新对思想政治教育相关问题进行了反思，并最终将培养人、发展人确定为思想政治教育这一活动的根本目标。至此，我党对思想政治教育本质的认识逐渐开始从"属性论"向"目的论"转变。

在邓小平"四有"新人思想的雏形，即"要有爱劳动、守纪律、求进步等好风气、好习惯"的基础上，1984 年，中宣部、教育部联合发文，在《关于加强和改进高等院校马列主义理论教育的若干规定》中指出，马列主义理论课的首要任务就是帮助学生系统地学习理论知识，从而确立正确的政治方向，树立无产阶级世界观，其最终目标就是把学生培养成为有理想、有道德、有文化、守纪律的专门人才。至此，我党正式将思想政治教育的根本目标确立为"培养有理想、有道德、有文化、有纪律"的共产主义"四有"新人。在此之后，"四有"新人这一提法开始广泛出现在我党的各类讲话和批转文件中。2004 年，中共中央、国务院在《关于进一步加强和改进未成年人思想道德建设的若干意见》中明确指出：现阶段我们要培养与"四有"新人目标相一致的人才，即要培养一批德、智、体、美全面发展的中国特色社会主义事业建设者和接班人。由此可见，中国共产党人的上述文件及论述都在不同程度上对思想政治教育的育人目标做了明确的规定，这标志着我党的思想政治教育活动逐步由工具性价值转为目的性价值，也标志着中国共产党对思想政治教育的本质认识取得了新进展。

二、思想政治教育的价值

（一）政治方向的保证价值

新时代思想政治教育具有政治方向的保证价值。思想政治教育在其内涵中就指明了其保证政治方向的性质，指出思想政治教育是使其社会成员形成符合一定社会与一定阶级所需要的思想品德的社会实践活动。因此，思想政治教育也是保证大学生正确政治方向的社会实践活动，大学生思想政治教育价值也就包含了政治方向的保证价值。

政治方向是指国家、政党等政治行为主体为了实现一定的政治目的所规定的行动方向。大学生思想政治教育价值中政治方向的保证价值从概念上来看就是通过思想政治教育的理论教育与实践活动对大学生从意识和思想层面帮助其树立正确的政治立场，形成端正的政治态度，从而在实践中保证其政治方向的正确性。大学生思想政治教育价值中的政治方向的保证价值的发挥在信息化的今天有着必要性。大学生思想政治教育中政治方向的保证价值一方面强调在思想上引导大学生确立正确的政治立场，另一方面要在行动上引导新时代大学生坚定政治立场。

在思想上保证大学生正确的政治方向。首先，当今世界处于百年未有之大变局，复杂局势对新时代大学生思想意识的形成存在着莫大的挑战。特别是新时代以来，国际形势日新月异，自媒体飞速发展，各种错误思潮以多种多样的形式，披着形形色色的"外衣"，潜入大学生的日常生活，通过一些看似有理有据实则歪曲事实的言论影响和扭曲一部分新时代大学生的思想。为了抵御这些错误思潮，直面这些挑战，就要正确引导新时代大学生，提升辨别是非的能力，从而在思想上保证正确的政治方向。其次，中国特色社会主义进入了新时代，社会矛盾发生变化，面临着艰巨繁重的国内改革发展稳定任务，必然会导致新时代大学生的世界观、人生观、价值观产生一定的变化，产生一定的难题与问题，正是在这种紧要关头才更应该发挥思想政治教育政治方向保证的价值，坚定正处于"拔节孕穗期"的大学生的立场，将新时代大学生培养为担当民族复兴大任的时代新人，培养为全面发展的社会主义建设者与接班人。

在行动上保证新时代大学生正确的政治方向。政治方向保证价值的发挥不仅仅在于从思想上引导大学生树立正确的政治方向，更是要求从行动上去坚定与贯彻正确的政治方向。通过对新时代大学生开展思想政治教育活动，帮助其在思想上树立正确的政治观念、坚定正确的政治方向，从而引导其在生活中做到知行合一。一方面，大学生思想政治教育中政治方向的保证价值体现在积极贯彻落实党的路线、方针、政策，积极向身边的人宣传、解释党的思想路线。另一方面，政治方向的保证价值除了表现为在实际行动中积极拥护党的领导外，还表现为同邪恶势力做斗争。伴随着我国综合实力的逐渐提升，国际社会上不时便会出现不友好的言论，这些言论通过各种渠道散落在社会的各个角落，当面对这些污蔑的言论时，不应当视而不见，而是要积极回应，阻止这种言论的散播，以实际行动保证正确的政治方向。

（二）理想信念的塑造价值

对于思想政治教育价值的探讨一方面需要厘清理想信念塑造价值的内涵，另一方面也要明确理想信念塑造与新时代大学生之间存在的关系，才能更好地把握思想政治教育价值的重要内容。

事实上，理想与信念这两个概念并不是随时随地都同时出现的。理想信念是人们对未来生活的向往与追求，作为一种强大的精神力量，能够给人无穷的动力。思想政治教育价值研究中的理想信念的塑造价值是指通过马克思列宁主义、毛泽东思想和中国特色社会主义理论体系的指导下的思想政治教育理论与实践活动培养新时代大学生勇担时代使命，积极投身中国特色社会现代化建设，为实现中华民族伟大复兴的社会理想，以此来满足大学生形成科学的理想信念的需要。

理想信念本身包含了生活领域的理想信念、职业领域的理想信念、道德领域的理想信念三种类型，理想信念塑造价值也不是一个单一的内容，包含了生活领域的理想信念的塑造价值、职业领域的理想信念的塑造价值与道德领域的理想信念的塑造价值。

生活领域的理想信念是指人对于未来美好生活的追求与向往，这种美好生活既是物质层面的丰衣足食又是精神层面的自由富足。马克思主义生活理想观重视人们对美好物质生活与精神生活的追求与实现。因此，思想政治教育中生活领域的理想信念的塑造价值就在于通过思想政治教育理论与实践活动引导大学生基于自身实际情况，培养积极的生活态度和健康的生活方式。

新时代大学生的理想信念塑造价值中生活领域的理想信念的塑造价值不仅仅是帮助大学生养成积极的生活态度、良好的生活习惯，促使其成才，这一价值的发挥更是能够保障社会的和谐与未来的发展，真正实现大学生思想政治教育的目标。

职业领域的理想信念就是指人们在社会需求与自身条件的基础上，对自己未来的职业方向的期待与追求。思想政治教育价值中职业领域的理想信念的塑造价值就在于在思想政治教育实践活动的指导下引导新时代大学生基于自身情况及其当前和未来的社会发展趋势与职业发展态势，明确自身未来的职业发展方向、提升自身的职业素养、做好职业规划，同时培养其在工作中尽职尽责、勤奋敬业的工作态度与踏实肯干的工作作风。

道德领域的理想信念就是指人在道德生活中所期望达到的目标。大学生道德领域的理想信念的塑造价值在于按照国家社会的道德标准，引导大学生不断提升自身的道德素养，遵守道德规范，成长为德才兼备的高素质人才。要通过思想政治教育活动对新时代大学生灌输正确的道德标准与道德规范，传播中华民族的优良传统，宣传道德楷模的先进事迹，引导大学生树立正确的学习目标与道德标准，使其在思想上形成正确的道德观念，在实践中践行正确的道德行为，充分展现思想政治教育对新时代大学生发挥出道德领域的理想信念的塑造价值。

（三）国家治理的社会价值

思想政治教育本身就是利用一定的政治、思想、道德等方面的观点对社会成员施加一定的影响，其目的是使不同的社会成员最大限度地满足某种社会的发展要求。作为一种客观的社会活动，思想政治教育的社会价值主要体现在经济、文化、生态等几个方面，通过在各个领域价值的实现来推动整个社会的发展进步。

1. 经济价值

新时代思想政治教育的经济价值，指的是思想政治教育劳动所创造的能促进社会经济增长和发展，满足人们物质和精神需要的效应。认真研究这一价值，能够为研究思想政治教育的政治、文化、生态价值奠定坚实的基础。社会物质财富和精神财富的积累、产业链的日趋完善、经济结构的调整和升级、人民生活质量和水平的提高等都属于经济发展的表现，因此，思想政治教育虽然并没有直接参与经济建设活动或者物质资料生产活动，但它可以从提高劳动者综合素质和技能、宣传贯彻新发展理念、营造和谐经济环境等方面着手，促使受教育者主动参与我国的现代化建设，从而带动经济又好又快发展。

首先，思想政治教育有助于劳动者综合素质和专业技能的提高。经济活动最重要的主体就是劳动者，劳动者劳动能力的高低直接影响社会财富创造的质量和水平。因此，思想政治教育可以提高劳动者的思想境界，帮助他们树立和培养正确的就业观念和职业道德，强化他们为社会主义生产贡献力量的理想信念。同时，思想政治教育可以丰富劳动者的专业知识和技能，提高他们的学习能力，增长他们的实践经验，在实际的生产活动中促进劳动队伍整体素质的提高。

其次，思想政治教育有助于新发展理念的贯彻落实。党的十九届五中全会多次强调新发展理念对我国经济发展的重要作用，提出坚定不移贯彻创新、协调、绿色、开放、共享的新发展理念，构建新发展格局，持续深化改革，为实现我国经济的高质量发展提供保证。由此可见，这一理念直接关系到我国的国计民生。思想政治教育可以对生产主体产生一定的宣传、引导、教育作用，激发劳动者的生产积极性、主动性以及创造性，不断推动经济向前发展。

最后，思想政治教育有助于营造良好的经济发展环境。和谐健康的社会环境是营造良好的经济环境的前提和基础，它为经济生产活动提供了广阔的发展空间，给予生产以最为充足的物质材料和社会资源。因此，生产质量和效率的高低与社会环境和社会风气的好坏有着极为密切的联系。思想政治教育要体现出自身价值，为改善社会环境提供足够的精神支持。

2. 文化价值

思想政治教育的文化价值，主要体现在推动社会主义文化繁荣、满足人民群众对文化品质的追求以及提升文化辨别能力等方面。教育本身就具有选择、传递、创造文化的功能，开展思想政治教育活动对宣传党的"声音"、提高文化工作者和受教育者的文化素养、营造向上的文化氛围、强化社会主义核心价值观等方面都会起到一定的促进作用。

（1）文化选择价值

十九大以后，我国思想政治教育从教育内容上是十分重视中华优秀传统文化与社会主义先进文化的，同时在文化大发展大繁荣大交融的时代背景下，面对外来的优秀文化要采取兼容并包的态度。文化选择主要是讲面对各类社会文化，我们要以一定的评价标准对其进行鉴别，把握正确的选择方向。因此，思想政治教育的文化选择价值主要体现在对积极文化因素的肯定性选择与对消极文化因素的否定性选择。

首先，对积极文化因素的肯定性选择。积极文化因素指的是在发展方向上与社会主义文化发展相适应，在实现效果上能够对社会发展起积极作用的因素。因此，思想政治教育的肯定性选择，一方面体现为对社会主义先进文化的倡导。在多元文化相互碰撞的状况下，人们的思想容易受到影响，为了避免思想文化领域的负面影响，需要树立一个标杆帮助人们进行选择，社会主义先进文化正是这一标杆，它能够为迷茫的人们指明正确的方向，以应对多元文化所带来的挑战。因此，加强思想政治教育的文化选择价值，可以将社会主义先进文化根植在每一个人的心中，提升他们的文化辨别与选择能力，帮助其树立正确的人生理想。另一方面，体现为对世界各国优秀文化的借鉴。中华文化具有开放性与包容性，因此才能在历史长河中源远流长且保持新鲜性。要想推动社会文化的不断发展，就必须善于借鉴世界各国的优秀文化，从中汲取有利于文化建设的经验。反之，如果在文化建设中采用自我封闭、自我为中心的方式，将无法适应激烈的国际文化竞争，最终只能落后于人。思想政治教育作为我国文化交流的重要手段，在面对世界各国的文化时，按照以我为主，为我所用的标准进行文化选择，筛选出可供我国借鉴的优秀文化，在不断的借鉴中丰富本民族文化，加快社会主义文化强国建设。

其次，对消极文化因素的否定性选择。消极文化因素是与积极文化因素相对而存在的，它指的是在发展方向上与社会主义文化发展方向相反，对社会发展起消极作用的因素。因此，思想政治教育的否定性选择，一方面体现为批判中华传统文化中的消极因素。中华传统文化在形成与发展的过程中必然受到其所在时代的现状的影响，由于早期社会的发展不够充分，人们的认知水平也有局限性，中华传统文化的内容受到社会状况的制约，其中不乏存在一些腐朽落后的内容，以及随着时代的发展应被时代所淘汰的内容。随着社会状况的变化，对文化的需求存在差异，文化的发展要与当下的社会环境相适应并有助于社会进步，因此通过发挥思想政治教育文化选择价值，可以帮助受教育者提升自身对文化的甄别能力，树立科学的文化价值观。另一方面体现为抵制西方落后的文化思潮。与中国传统文化相同，西方文化思潮也存在先进与落后之分，面对一些优秀的先进的西方文化思潮，我们可以从中汲取经验；面对一些落后的西方文化思潮，我们需要对其进行抵制，以尽量避免落后的西方文化思潮对我国产生的消极影响。因此，思想政治教育通过发挥其文化选择价值，引导人们正确分辨各类西方文化思潮，对西方文化思潮中的落后部分进行抵制，在正确看待西方文化思潮的基础上，保持社会主义文化的先进性，从而适应社会主义文化建设。

（2）文化传承价值

文化传承是一种文化传递的社会现象。思想政治教育对文化的传递不仅包括各种知识形态文化的传递，而且包括意识形态文化的传递，这有利于民族凝聚力的形成。

首先，传承知识形态的文化。知识形态的文化主要有科学、技术、艺术等。这其中最具代表性的便是科学文化知识教育对相关文化知识的传承，各学科的发展以及传授的基础就是思想政治教育的传播，所以科学文化知识教育与思想政治教育存在深度融合。

其次，传承意识形态的文化。意识形态的文化传承主要是传递价值观念和准则，使其与当下社会相适应，能够让其更好地发扬和发展，同时也满足当下社会的需要。

（3）文化创造价值

文化交流日益密切，人们对文化的美好需要逐渐增多，这要求我们在对待文化时，应该秉持着推陈出新、革故鼎新的态度。在党的领导下，我们的政治文化、民族文化等都在与时俱进，思想政治教育为我国的社会发展培育了更多具有创造精神和创新能力的人才，为国家的发展和社会的进步提供了人才保障。

（4）文化传播价值

人类文化之所以存在并源远流长是离不开传播的，通过传播的方式文化方能得以发展，社会方能持续得到推进。不管是何种社会关系，只要彼此间产生了社会交流与互动，那么它就离不开文化传播。面对文化的多元化，需要通过思想政治教育对文化传播进行调适。意识形态教育与伦理道德教育是思想政治教育的主要内容，因此思想政治教育对文化的传播价值主要体现在传播社会主义意识形态与传播伦理道德规范。

首先，传播社会主义意识形态。文化思想的传播形式复杂多样，人们所能接触到的文化思想也变得复杂多样，不同的文化思想在相互交流中有着彼此相互对抗的风险，从而使得不同意识形态间的对抗性问题日益突出，在一定程度上威胁了社会主义意识形态的传播，不利于国家的安全与稳定，因此通过加强对社会主义意识形态的传播，可以助力国家的稳定与发展。从思想政治教育内容上看，思想政治教育与社会意识形态在内容上存在互通性，思想政治教育有助于传播社会主义意识形态。

其次，传播伦理道德规范。通过思想政治教育传播伦理道德规范，有助于社会稳定发展。但是，目前社会存在价值判断与价值行为脱节的现象，面对此种"知行不一"的情况，应该加大对伦理道德的教育力度，使受教育者将社会要求内化为自身的思想道德素质，同时通过教育实践活动外化为自身的行为习惯。因此，思想政治教育对伦理道德规范的传播，对个体的思想观念和行为习惯都起到规范作用。

（5）文化整合价值

社会文化繁杂多样，彼此之间是相互联系、相互交融的，并不是一味地相互排斥的，在相互交融时总是遵循着一定的原则，即在保持自身文化特性的前提下与主流文化保持一致。

整合不同类型文化中的合理成分。面对不同类型文化所带来的问题，对不同文化中的合理成分进行整合是解决问题的一种有效途径，而思想政治教育正是这一途径的主要载体。思想政治教育通过整合不同类型文化中的合理成分，以实现不同文化的共生共荣的目的。

（6）文化批判价值

新时代，实现中华文化的发展是党带领中国人民发展社会主义文化的主要内容。中华文化发展所贯穿的时代主题在一定程度上赋予了高校思想政治教育继承传统文化和超越文化现状的历史强音，使其肩负维护和传播社会主流文化，质疑、批判、否定和重构非主流文化的重大文化责任与文化使命。高校思想政治教育文化批判功能在生成逻辑上与人类批判行为如出一辙，既是一种理智的反思行为，也被认为是自觉主动的价值判断。高校思想政治教育以学科建制的形式实现它对中国特色社会主义意识形态文化的强势主张，是从实践运用，经理性反思，最终变为价值判断的过程。这一过程实现对文化，尤其是对非主流文化和外来文化进行去粗取精、去伪存真，形成科学的、严谨的、理性的批判格局，以高度的政治站位和意识形态觉悟，自觉对经济全球化背景下的中国多元文化场景进行全方位、立体式、无死角的全息扫描，让非主流文化、腐朽文化和落后文化在思想政治教育的文化批判下无处遁形。批判即为了建设，高校思想政治教育必须努力寻找和不断开创紧随现代化发展进程，符合经济全球化发展理路的、自信的、包容的、开放的社会主流文化。中国特色社会主义文化以其对中国社会最高理想的揄扬、对中国传统文化根基的继承、对人类社会未来发展图景的预见性描绘，成为反映社会主义核心价值体系并为之服务的社会主流文化。

3. 生态价值

生态价值是有机体之间、有机体与环境之间和谐发展所产生的积极影响。生态功能代表了人与自然和谐相处，荣辱与共的关系。通过以上对"生态"及"思想政治教育功能"的内涵把握，我们可以这样定义思想政治教育生态功能：指通过思想政治生态教育使人们形成生态认知、生态情感、生态意志、生态行为，进而促进生态文明建设的效能。

首先，思想政治教育的生态价值是通过帮助人们在生态环境中形成生态认知、生态情感、生态意志，最终促成生态行为。思想政治教育不是直接推动生态文明的建设，而是直接作用于人，教育人使之具有良好的生态素养，人再作用于生态，将这种良好的生态素养外化为生态行为，合理地对待人与自然的关系，理性地对自然进行改造，从而建设社会主义生态文明，实现美丽中国目标。

其次，思想政治教育的生态价值必须通过思想政治教育实践活动才能实现。思想政治教育生态功能要得以充分发挥，就要对人进行思想政治生态教育，使其具备良好的生态素养，能正确处理人与自然的关系。这就需要思想政治教育采取多种途径来引导人形成生态认知、强化生态情感、锻炼生态意志，最终养成生态行为，其中，实践活动是必不可少的，脱离了思想政治教育实践活动，受教育者无法真正做到将生态理论内化于心、外化于行，也不能参与到生态文明建设中，那思想政治教育生态功能也无法发挥。

最后，思想政治教育生态价值最终要推动生态文明建设。思想政治教育生态功能的终极目标不是仅仅让人们形成生态认知、生态情感、生态意志，而是要通过生态行为来促进生态文明的发展。在这一点上，思想政治教育生态功能并非直接对生态产生影响，而是通过对人的影响再影响生态，从而促进生态文明的发展。

（1）引导生态认知

引导生态认知是养成生态行为的前提，生态认知是指主体在生态实践中所得到的经验和领悟，从而对生态中人与自然的关系以及处理人与自然的关系时应该遵循的生态理念的认识。从思想政治教育方面来看，引导生态认知，首先要使受教育者认识到生态的价值，进而认识到人与自然和谐相处的重要性。其次，在引导生态价值认知的基础上，引导受教育者树立人与自然平等交流、共建生态文明的伦理理念。最后，还要引导受教育者树立起人与自然美美与共的审美认知。

（2）激发生态情感

生态情感是人对生态理论以及生态规则的高度理解和认同，是对维护生态平衡的一种向往，它促进主体生态认知的发展和深化，推动生态意志的产生和发展，影响生态行为的选择。激发生态情感，首先，要激发受教育者对生态的良知感，使其能够从道德层面对生态产生关爱。其次，要激发受教育者对生态的善恶感，使其能够对个人和社会的生态行为进行正确判断和选择。最后，要激发受教育者的生态义务感，使其能够对生态的情感升华到一种崇高的使命和担当，自觉建设生态文明。

（3）锤炼生态意志

在生态认知和情感的基础上，生态意志是产生生态行为的前提条件，同时，生态情感和生态意志共同推动受教育者将生态认知外化为生态行为。生态意志是在生态认知和生态情感发展到一定阶段后才产生的。生态意志指主体能在学习生态理论和开展生态实践的过程中，具有自主、顽强的心理品质。人的意志品质在心理学上被分为意志的自觉性、意志的果断性、意志的自制性以及意志的坚韧性。

锤炼生态意志品质要锤炼生态自觉性、果断性、自制性与坚韧性意志。

（4）促成生态行为

生态行为，主要指个体在基于自身生存与发展的需要下，对生态采取的实践活动。生态行为大体可以分为生态生产行为、生态消费行为以及生态交往行为。生态认知、生态情感、生态意志是受教育者心理活动的三种基本形式，生态行为是生态认知、生态情感和生态意志的外部表现，四者相互联系、相互作用、相互转化。没有生态行为，生态认知、生态情感、生态意志无法得以检验，生态行为又可以加深生态认知，增强生态情感，锤炼生态意志。

（四）中国精神的弘扬价值

思想政治教育价值中的中国精神的弘扬价值是新时代思想政治教育价值的重要内容。需要通过对中国精神弘扬价值内涵的分析及其与新时代大学生内在需要的分析来准确把握与研究。

要理解中国精神的弘扬价值的内涵，首要的就是搞清楚什么是中国精神。习近平总书记在2013的第十二届全国人民代表大会第一次会议上的讲话中首次提出中国精神并指出，中国精神的内容就是以爱国主义为核心的民族精神和以改革创新为核心的时代精神。民族精神，是指一个民族在历史长河中孕育出的精神气质，其精神要素具体包含了爱国主义、团结统一、爱好和平、勤劳勇敢、自强不息等。时代精神，是民族精神在一个时代下的具体体现，是在某个特定的时代下形成的精神风貌。中国精神内涵下的时代精神具体就是指改革开放以来，在发展和建设的过程中所展现出来的积极正向的精神风貌，时代精神以改革创新为核心，但还包括了其中所涌现的积极进取、勇于探索等精神理念。民族精神与时代精神作为中国精神的重要内容不是相互割裂的两个部分，相反它们是紧密联系的，时代精神不是完全区别于民族精神之外的另一种精神，而是在民族精神的基础上发展起来的具有时代特征的精神气质。中国精神的弘扬价值其中就包含了民族精神的弘扬价值与时代精神的弘扬价值，而民族精神与时代精神的弘扬价值就是指通过大学生思想政治教育中的民族精神与时代精神的教育，使得新时代大学生能够继承这些优良精神与传统，以此来满足新时代大学生成长与成才的需求。

民族精神与时代精神的弘扬价值不是一个单一的内容，而是由多个内容组合而成的系统，具体包含了国家意识的弘扬价值、中国特色社会主义文化的弘扬价值。

1. 国家意识的弘扬价值

弘扬中国精神，就需要通过开展思想政治教育活动使新时代大学生形成对祖国的认同感、归属感与使命感，以及对民族的自豪感、自尊心与自信心。对于国家意识的弘扬，一方面是国家统一、民族团结观念的弘扬价值，针对的是新时代大学生的民族认同。通过开展中国历史教育，使新时代大学生树立民族共同体意识，增强其民族自尊心与自信心；通过开展公民意识教育，提高新时代大学生的主人翁意识，增强新时代大学生的国家归属感与荣誉感。另一方面是世情、国情、民情意识的弘扬价值，针对的是新时代大学生的国家认同。作为新时代大学生，面对复杂多变的国际局势，不能仅仅是"两耳不闻窗外事，一心只读圣贤书"，而是要有关注世情、国情、民情的意识。通过开展中华民族多元一体格局教育，提高新时代大学生对于我国统一多民族国家这一基本国情的认识，深化新时代大学生的中华民族共同体意识；通过开展中国特色社会主义国情教育，让新时代大学生认识到时代重任，明确当前的目标与挑战。

2. 中国特色社会主义文化的弘扬价值

中国精神的弘扬是以中国特色社会主义文化为主要内容的，要明确新时代大学生思想政治教育价值中中国精神的弘扬价值，就要厘清中国特色社会主义文化的弘扬价值。

对于中国特色社会主义文化三个方面文化的弘扬，在实践活动过程中要做到有所侧重。在弘扬中华优秀传统文化的过程中，要引导新时代大学生继承与发展中华优良传统，赋予优良传统以时代性特征，使其适应社会的发展，并在发展过程中不断丰富；在弘扬革命文化的过程中，要重视对于新时代大学生革命精神的弘扬，准确把握革命精神的内涵及其当代价值，从革命精神中汲取重要的精神力量；在弘扬社会主义先进文化的过程中，要强调新时代大学生对于以改革创新为核心的时代精神的弘扬，强化其敢于拼搏和开拓进取的精神。

中国精神的弘扬价值通过国家意识的弘扬与中国特色社会主义文化的弘扬来实现新时代大学生的国家认同、民族认同与文化认同。对于中国精神的弘扬通常都需要在这两方面的基础上，将理论教育与实践活动相结合，引导新时代大学生将民族精神与时代精神从感性认识上升到理性认同，从而推动实现思想政治教育的价值。

（五）公民道德的培育价值

新时代大学生的成长不仅仅要做到知识层面的成长，更要注重道德上的提升，思想政治教育对于大学生的公民道德的培育价值，表现为使其具备新时代德育要求下的社会公德、职业道德、家庭美德、个人品德。

1. 社会公德的培育价值

新时代大学生要具备良好的社会公德，这既是其作为一个社会公民应承担的责任，也是其进行社会交往的基本准则。

首先，引导新时代大学生形成和谐的人际关系。大学生思想政治教育在协调大学生的人际关系上有着重要的作用，引导大学生形成和谐的人际关系，一方面要引导大学生正确处理自身与他人之间的关系，要尊重他人，在与人交往中要遵守诚信、友好等行为准则，要勇于承担自己的责任与义务，此外要学会换位思考，设身处地为他人着想。另一方面，要引导大学生学会正确地处理矛盾与得失。

其次，引导新时代大学生形成良好的公共责任。一方面，引导大学生树立正确的是非观、利害观，并指导其将正确的道德观念作为自身为人处世的准则，这是其形成良好公共责任的前提。另一方面，引导新时代大学生追求正义。在引导新时代大学生形成良好的社会公共责任的过程中，难免会存在着歪风邪气，要引导新时代大学生与之做斗争。在如今全面依法治国的大背景下，引导大学生追求正义讲求正气，就要引导大学生树立法治观念，培养法治思维，提升法治素养，在法律的保护下敢于追求正义，敢于同邪恶势力做斗争。

最后，引导新时代大学生树立科学的生态意识。新时代以来习近平总书记不断强调加强生态保护的重要性，多次在公开场合强调"绿水青山就是金山银山"，新时代大学生思想政治教育应当积极引导作为重要的社会成员的新时代大学生树立正确的生态意识。一方面，引导新时代大学生树立环保意识。结合思想政治教育的理论内容，如新发展理念中关于保护生态环境的理论等相关内容，引导新时代大学生树立环保意识。另一方面，引导新时代大学生将环保理念付诸行动。除了在思想上对新时代大学生灌输尊重自然的环保意识以外，还要引导大学生积极投身于实践，促使其形成绿色、低碳、健康的生活方式。

2. 职业道德的培育价值

思想政治教育对于大学生的道德素养的培育不仅仅是为了满足大学生当前的需要，更是为了引导大学生养成良好的习惯，以更好地融入社会生活，其中就包括职业生活。

第一，培育新时代大学生的职业道德，就要引导大学生学会各行各业都普遍适用的职业道德，诸如爱岗敬业、诚实守信等是社会主义职业道德对于从业者最基本的道德要求。大学生虽然还未步入职业生涯之中，但是在校期间的各种学生工作等同样需要遵守这些基础的职业道德。只有具备了这些基础的职业道德，才能够保证在之后的职业生涯中成为一个优秀、合格的建设者。

第二，新时代大学生除了要具备基本的职业道德以外，还应当提升自己的职业素养。职业道德的培育价值不单单是引导大学生养成在工作过程中的基本道德，还要促使其不断提升自身的职业素养。不同的专业、职业有着不同的职业素养与职业道德要求，因此切实提升大学生的职业素养也是职业道德培育的一部分。

3. 家庭美德的培育价值

家庭美德是处理家庭关系、维系家庭美满幸福的重要因素，也是人们在家庭生活中行为的准则。对于新时代大学生来说，养成良好的家庭道德就是学会感恩，学会正确处理与家庭成员的关系，学会尊重长辈，有一颗感恩之心。家庭美德的培育价值能够促使人们有良好的家庭道德修养，从而以正确的态度面对家庭的组建，为未来家庭中的另一半及其子女起到榜样示范作用。同时，家庭美德的培育对于当下的新时代大学生来说在恋爱上也有着重要的作用。在新时代大学生未组建家庭之前，恋爱是其两性交往的重要方式，因此培养良好的家庭美德，引导大学生树立正确的恋爱观，合理对待与处理爱情，从而树立正确的婚姻观念，也是家庭美德培育的重要内容。

4. 个人品德的培育价值

个人品德就是指个体在道德行为中表现出的品质。俗话说"礼貌是修养的外衣"，个人品德高尚的人，在同周围人打交道、处理人际关系中透露出的人格魅力，更能够给人以良好的印象。因此，大学生思想政治教育还要培育好大学生的良好个人品德，切实保证公民道德培育价值的发挥。

（六）综合素质的提升价值

大学生综合素质的提升不仅仅是其实现自身全面发展的必然要求，也是新时代对于大学生成为时代新人的要求。能否促进新时代大学生综合素质的提升，既是国家核心竞争力的重要因素，也是衡量思想政治教育价值实现的重要因素。

大学生综合素质指的是在教育活动与教育环境的引导、推动下，作为大学生的个体在各项方面所显现的基本素质与品质。大学生综合素质的提升价值就是指大学生思想政治教育与大学生思想道德素质、专业知识素质、艺术审美素质与心理生理素质全面均衡发展的效应关系。大学生思想政治教育综合素质的提升价值体现在如下方面。

1. 思想道德素质的提升价值

思想道德素质的提升价值是大学生思想政治教育综合素质提升的核心内容，思想道德素质的提升为综合素质的提升提供了发展方向。大学生思想政治教育对大学生思想道德素质的提升是直接性的。思想道德素质的提升主要包括了思想观念、政治品质与道德观念等方面的提升。思想观念的提升表现为大学生形成正确的"三观"，并通过正确的观念认识世界，指导实践；政治品质的提升表现为大学生坚定正确的政治方向与政治信仰，形成正确的政治立场与政治觉悟；道德观念的提升表现为大学生能够在与自身、与他人、与自然的交往过程中，遵守社会道德准则与规范。

2. 专业素质的提升价值

专业素质的提升价值具体包括了专业知识的丰富与专业技能的提升。大学生思想政治教育对思想政治教育专业的学生在专业知识与专业技能上能够起到直接的提升作用，但对于其他专业的大学生来说，专业素质的提升价值是间接实现的。大学生思想政治教育能够通过坚定学习信念，明确学习目标，从而促使其解决专业学习中的困难进而实现专业素质的提升。

3. 审美素质的提升价值

审美素质的提升价值包含了在思想政治教育过程中通过美育陶冶情操、净化内心、启迪智慧。积极推动思想政治教育与审美教育相结合，开展以美育德的教育实践活动，引导大学生不断追求美好的事物，提升新时代大学生的审美素养，帮助大学生树立正确的审美观念，从而完成情感升华、心灵净化与人格完善。

4. 身心素质的提升价值

身心素质的提升价值包含了身体、心理的健康状况的改善及其身心发展的协调性的提升。尽管思想政治教育作为一种意识形态教育不会直接使得身体强健、心理健康与身心协调发展，但其本质上与促进专业素质提升是一致的。

第二章 新时代思想政治教育的总体现状与挑战

随着我国社会发展进入新时代，社会各方面都发生了巨大变化，这给我国高校思想政治教育带来诸多挑战。高校作为我国职业人才培养的主要阵地，其思想政治教育在新时代肩负着重要使命。本章分为思想政治教育的总体现状、互联网背景下思想政治教育的挑战、社会转型背景下思想政治教育的挑战三部分。

第一节 思想政治教育的总体现状

一、思想政治教育取得的成绩

（一）基础保障不断提升

党和国家历来高度重视教育工作，思想政治教育工作是教育工作的重要组成部分，同样得到广泛关注。高校作为教书育人的重要场所，必须加强思想政治教育工作。自新中国成立以来，对高校思想政治教育工作的重视程度不断提高。党的十一届六中全会提出，思想政治教育工作"是经济工作和其他一切工作的生命线"。党中央一再强调：思想政治教育工作"是我们的政治优势，任何时候都丢不得"。党的十九大以来，党的理论水平实现新的跨越，对高校思想政治教育工作有了新的认识，管理模式不断创新，对资源的利用更加充分，基础保障不断提升。

具体而言，可以体现在人才资源、财务资源、物质资源三个方面。在人才资源方面，高校设置大量岗位吸引了许多专业背景符合的人才，为高校思想政治教育工作研究提供了智力支撑，相关研究成果大幅增加，形成了良好的教育环境和格局。党的十九大以来，我国更加重视教师的综合素质，兼顾培训和引进，加强对高校思想政治教育工作者的培养。在增加专任教师数量的同时，着力加强高层次创新型人才队伍建设，高校教职人员的专业性不断提高，道德品格、政治素养越来越成为教师评价的考虑因素，为思想政治教育工作提供了充足的人才储备。在财务资源方面，国家财政对高校思想政治教育工作的扶持力度不断加大，对思想政治教育重点建设项目、主流媒体建设等方面的重视程度不断提高，为思想政治教育工作保障体系的进一步发展提供了强有力的财政支持。在物质资源方面，国家发布一系列的重要文件，强调要加强思想政治教育工作，为高校思想政治教育工作的完善和发展提供了政策支持。高校积极制订学习计划，通过集中学习、专题研讨会、讲座等形式组织学习思想政治教育政策法规，在校内形成学习、宣传党的政策文件的良好风气。在管理方面，高校也认识到组织管理的重要性及价值，在实际工作中不断加强管理，积极落实组织管理工作，提高组织的政治性，将思想政治教育工作落到实处，这为提高高校思想政治教育工作质量提供了基础。同时高校在管理中始终坚持以高校教育目标和教学策略为根据，对高校思想政治教育工作的结构优化、教育的稳定性和可持续性具有重要的现实意义。此外，高校积极整合育人资源，调动校园内部各类资源发挥育人功能，将课程、设备、网络、时间等都作为重要资源，最大程度发挥其育人功能。

（二）育人格局不断完善

落实立德树人根本任务，要求高校加快推动"三全育人"工作格局的形成，建立健全思想政治教育长效育人机制。为了提升高校思想政治工作质量，要充分发挥课程、科研、实践、文化、网络、心理、管理、服务、资助、组织等方面工作的育人功能，挖掘育人要素，完善育人机制。2018年《教育部办公厅关于开展"三全育人"综合改革试点工作的通知》的印发标志着"三全育人"综合改革试点工作开始，全国共产生了8个综合改革试点区、25个综合改革试点高校和92个综合改革试点院（系）。各试点单位结合自身实际和优势，推动高校思想政治教育工作形成全员参与、全程贯穿、全方位协同的工作格局。各高校也纷纷采取有力措施，主动开展工作，完善"三全育人"工作机制，初步形成了人人育人、时时育人和处处育人的育人模式，创造了许多成功做法，积累了宝贵的经验。

第一，凝聚育人合力，实现全员参与。要整体推进高校教师队伍建设，保证这支队伍后继有人、源源不断。随着高等教育的发展，高校日益重视高校各部门所蕴含的育人功能，要充分利用不同岗位的教育资源，充分发挥各育人主体的育人优势，形成"以教师队伍为主体、以思想政治工作队伍育人为支撑、以管理服务队伍育人为保障"的结构。各地各高校对全员育人模式进行积极探索，使全员育人工作取得显著成效。

第二，延伸育人范围，实现全过程培养。全过程育人是指将思想政治教育工作融入大学生从入学到毕业的整个过程之中，通过不断扩大教育范围，形成育人链条。依据大学生的成长发展规律，根据大学生所处的不同阶段、年级和专业，设计教学活动，增强教育的针对性。思想政治工作是一项系统工程，"一体化"思想政治格局的形成需要加强与中小学德育的衔接。《新时代学校思想政治理论课改革创新实施方案》要求，加速推进大学和中小学思想政治课教材一体化建设，有效提升教育工作的针对性和实效性。"十大育人"体系要求高校将思想政治教育贯穿学生在校的各个环节。

第三，拓展育人平台，实现全方位育人。全方位育人是指打通校内校外、课内课外、线上线下等通道，充分拓展各种教育资源，利用教学载体，创新教学方式，努力实现育人工作的协同联动。高校通过搭建协同育人平台，壮大育人工作队伍，不断拓宽工作领域。

（三）制度建设不断跟进

当前我国高校思想政治教育工作保障体系取得了重大进展，不仅表现在人财物等基础保障上，而且表现为制度建设不断跟进。有关部门，根据高校教育目标和发展建设要求，不断进行相关制度设计，为高校思想政治教育工作提供制度保障。《教育部等八部门关于加快构建高校思想政治工作体系的意见》，文件从理论武装、学科教学、队伍建设等方面提出了构建有效的制度体系的任务和要求；在队伍建设方面，我国将思想政治课教师作为做好思想政治教育工作的关键力量，印发了多个专门针对思想政治课教师队伍的文件，对高校思想政治教育工作者应有的职责提出了明文规定，并对其提出了工作中的要求，是队伍建设的制度遵循；在课程建设方面，中央及各部委印发的文件为高校思想政治课及日常教育提供了系统设计；在资源保障方面，《关于深化新时代学校思想政治理论课改革创新的若干意见》提出要加强教学资源建设，教育部也提出要重视革命文物等红色资源，发挥这些资源在加强思想政治教育工作等方面的作用。有了这些政策文件的支持，高校思想政治教育工作的制度建设不断发展，相关制度设计不断跟进，在规章制度与物质支持方面，在监测预警与考核评估方面取得了较大进展。

1. 规章制度与物质支持方面

规章制度是保障高校思想政治教育工作开展的重要手段，也是完善思想政治教育工作保障体系的重要依据。在规章制度方面，国家发布了一系列政策通知，不断完善思想政治教育工作的制度安排。例如，针对高校思想政治教育工作的改进，国家发布文件，根据当前高校思想政治教育工作的现状，提出了相应的改进措施，对高校开展思想政治教育工作做出了明确的要求，从政策法规的角度加强了对工作的约束，这也有利于高校思想政治教育工作更具规范性。同时高校是实施思想政治教育工作的具体组织机构，在遵循国家政策法规的前提下也具有一定的自主性。高校结合实际的开展状况制定符合本校的学习方案、评价方式，使得思想政治教育工作成为集综合性和独特性于一体的教育活动。物质支持是除情感保障之外的保障措施，既有设施配置、文化宣传等资金上的支持，也有培训、集体学习等制度上的支持。在这一方面，教育部发布了《高校思想政治工作专项资金管理暂行办法》，文件提出高校要设置思想政治教育工作专项基金，这些资金主要用于思想政治教育工作研讨活动、设施配备等。思想政治教育工作涉及管理、宣传、专业培训等内容，这些都需要一定的资金支持，中央财政部门安排高校开展思想政治教育工作所需的设备和资金，为思想政治教育工作提供物质支持，有助于高校思想政治教育工作质量的提高。

2. 监测预警与考核评估方面

在监测预警方面，当前高校不断完善预警机制，加强对高校思想政治教育工作所涉及的各种要素的监测，其中尤为重视思想政治教育工作的运行状态和大学生思想状况。

高校大学生的思想状况是检验思想政治教育工作效果的重要标准，而思想政治教育工作运行顺畅与否是检验当前工作的实施方法是否合理的重要指标。当前高校已建立起较为系统的预警机制，对可能出现的问题进行反馈并及时做出处理，这是高校思想政治教育工作前瞻性的体现，有助于准确把握工作发展趋势。针对大学生的思想状况，当前高校设置了心理咨询处，为大学生解决可能的思想问题，这在思想政治教育中发挥了重要作用，是思想政治教育工作的重大进展。

此外，高校还设置了专门的考核评估办法，对高校思想政治教育工作的过程、结果等方面进行评估，以便及时调整工作中不合理的地方，这在高校思想政治教育工作中发挥着不可替代的作用。当前高校思想政治教育工作预警机制与考核机制不断完善和发展，是高校及时发现并处理思想政治教育工作中的问题的重要环节，有助于调整工作执行与原定目标之间的偏差，修正不合理的行为，促使高校思想政治教育工作得以完善和发展。

（四）队伍建设更有力量

办好我国高等教育，必须全面推进思想政治教育工作，将其融入教育教学全过程。要建设强有力的思想政治教育工作者队伍，承担起培养德才兼备的高层次人才的重要使命和责任担当。

第一，党政干部、共青团干部承担着管理育人的职能，负责组织、协调和实施思想政治教育工作。在学校层面，构建党委书记任组长，分管学生工作的其他领导干部任副组长的思想政治教育工作领导小组，负责统筹规划各项工作。高校党团建设是对学生进行思想政治教育的关键举措和重要内容，党团干部是其骨干力量。高校通过加强队伍建设，任命大学生辅导员担任党团建设的主要负责人，负责指导学生开展组织活动。党团活动是思想政治教育的"牛鼻子"，通过开展党团组织活动，促进大学生提高对党情和国情的认识，引导其树立正确的价值观。

第二，辅导员是开展思想政治教育的骨干力量。新时代对高校思想政治工作的重视程度不断增强，推动了高校辅导员队伍建设。全国高校思想政治工作会议上提出要加大辅导员队伍的培养和激励力度，并出台一系列的文件，为辅导员队伍建设指明方向。辅导员队伍规模不断扩大，人员数量持续增加。

第三，思想政治课教师是办好思想政治理论课的关键。《新时代高等学校思想政治理论课教师队伍建设规定》对高校思想政治理论课教师的重要性做了阐释，进一步提出了高校思想政治课师资队伍建设的具体要求，并细化到思想政治课教师配比的问题。据统计，全国有41个高校思想政治课教师研修（学）基地、32个"手拉手"集体备课中心，为思想政治课教师开展常态化培训研修，每年培训教师近6000人，很大程度上提升了思想政治课教师的能力和水平。

第四，专业课教师是课程思想政治建设的主体。全面推进课程思想政治建设是落实立德树人根本任务的战略举措。专业课教师是推动课程思想政治建设的关键，要加强专业课教师的课程思想政治能力建设，提升育人主体能力和思想政治教育水平。部分高校通过将课程思想政治纳入岗前培训中，搭建课程思想政治交流平台，鼓励各地区、各高校专业课教师针对课程育人，通过开展培训、讲座等形式，让专业课教师分享经验，以此来增进交流与沟通，不断增强专业课教师的育人能力。

（五）教育实效性不断增强

增强思想政治教育的实效性现已成为教育部门和各高校关注的重点和焦点。高校是教育人和培养人的关键阵地，也是意识形态工作的前沿阵地，肩负着宣扬和传播国家政策举措的重大责任，承担着为实现中国梦提供人才保障和智力支持的重要任务，担当着培养学生坚定的政治信仰、高尚的道德素养、正确的价值观念的重大使命。调查显示，大部分的学生都在思想政治教育过程中有所收获，而且收获颇丰，这在一定程度上凸显了当前高校思想政治教育的实效性有所增强。

二、思想政治教育存在的问题

（一）思想政治教育亲和力存在的问题

根据马克思主义哲学理论可知，事物的发展具有两面性，在看到高校思想政治教育的亲和力积极变化时，绝不能忽视存在的问题。受各种因素制约，目前高校思想政治教育亲和力仍存在一些问题，需重视并解决这些问题。

1. 部分教育者亲和意识和综合素养有待提高

教育者是教育实践过程中的基本要素，是直接对教育对象产生影响的人，教育者的亲和力是高校思想政治教育亲和力的直接表现。从总体上来看，目前高校思想政治教育者具备较高的素养，能力过硬，水平较高，但是依然存在着一些问题。

（1）部分教育者亲和意识不强

部分教育者与学生的互动交流少，对学生关心不够，师生间关系一般。高校思想政治理论课一般以公共课的形式进行且上课人数较多，教育者按照教学计划开展教学活动，很难顾及每个学生。课堂之外，教育者除了教学以外还有其他工作需要完成，比如参与科研、指导实习等，加之家校距离远、教育者精力有限等原因，教育者难以把所有的时间都投入到与学生的交流沟通中来。可见教育者对学生的情感投入相对欠缺，师生间关系一般，这意味着部分高校思想政治教育者的亲和力还有待进一步提升。

（2）部分教育者综合素养不足

这部分教育者虽有意识要加强与学生的沟通，但因自身知识水平和能力有限，授课时无法深入浅出地把理论讲透彻，所讲理论也无法感染学生，无法帮助学生解决对现实的困惑。除此之外，部分教育者抱着"不求有功，但求无过""当一天和尚撞一天钟"的心理，对自己的要求是只完成教学任务即可，不愿投入过多精力去研究教学，也不愿听取学生对课程的反馈。这部分教育者不花心思去琢磨如何让课程更有吸引力，如何让枯燥的理论更简单易懂，更接地气，导致教育者难以满足学生的需要，无法帮助他们解决对现实的困惑，这无疑是对思想政治教育亲和力的一种削弱。

2. 思想政治教育内容理论性较强，现实回应力不足

思想政治教育内容的亲和力意味着教育内容是有温度的，不仅仅是课本上的理

论，而是理论结合实际，帮助学生解答对于生活的困惑，使其能积极主动地接受思想政治教育。当前高校思想政治教育存在理论性较强，但现实回应力不足的问题。

（1）教育内容缺乏时代性

高校思想政治教育内容滞后，时代性不强，可见在具体实践过程中，思想政治教育内容未能随着时代的变化同步更新。"滞后"的思想政治教育内容难以向学生传递事关世界局势、人类命运和国家前途等最前沿的重大信息，在解释理论的时候也难以与当前社会"热点"相结合，导致思想政治教育内容缺乏解释现实社会问题的能力。

（2）教育内容针对性不足

在具体的教学过程中，思想政治教育内容在紧扣学生的学习和生活方面尚有欠缺，针对性不强，吸引力自然也不高。以往的思想政治教育受传统德育观念的影响，注重提要求和讲灌输，忽视学生的主体地位。经济全球化背景下，社会竞争加剧，当代学生承受着不同程度的学习压力、就业压力、经济压力、人际交往压力等，高校仅仅从思想上提要求、讲灌输是难以帮助学生解决生活中的具体问题的。

（3）教育内容育人性不足

高校思想政治教育在内容上注重理论知识的传授，忽视个性、心理、品格等其他方面的培养，存在教书与育人不相匹配的问题。随着社会实践的深入，生活节奏快，生活压力大，这些也会在青年学生身上有所反映。只注重"教书"而忽视"育人"是对亲和力的消解，这样的思想政治教育难以培育有健全人格的社会主义接班人。

3. 思想政治教育方法模式化

在实际教育过程中，大部分高校虽尝试综合运用各种方法进行教育教学，但由于对各种方法的应用情况不甚了解，片面追求方法的多样化，忽视了教育方法的实际效果，在综合使用多种教育方法的过程中出现混乱的局面，导致思想政治教育方法模式化，实效性不足。

一方面，高校在沿用传统方法时，未对传统方法中的消极因素做出相应的改善，导致这些传统教育方法虽沿用至今，但其中的消极因素一直未得到改善。比如在使用理论教育法时，没有充分考虑时代背景和青年学生的主体性特征，多采用"满堂灌"的教学方式，导致教育对象出现逆反心理。

另一方面，高校没有利用新媒体、新技术天然的亲和优势创新思想政治教育新方法。当前高校虽已尝试综合运用各种教育方法进行思想政治教育，但在网络教育方面重视度不够，教育方法亲和力有待进一步提升。

（二）思想政治教育文化环境存在的问题

大学生群体是国之未来，亦是民族希望，大学生群体作为社会主义主力军和接班人，文化环境对他们的日常生活和学习以及坚定理想信念起着至关重要的作用，但目前思想政治教育文化环境仍存在一些问题。

1. 社会文化环境纷繁芜杂

（1）外来文化的冲击

外来文化既可以说是民族外的价值观念和思维体系，也可以说是进入民族内部，并与其社会发生相互作用，逐渐被其接受的别族文化。外来文化涵盖的范围特别广，内容也十分丰富。外来文化庸俗腐朽的思想观念不利于我国大学生的健康成长和发展。

（2）本土文化的认同缺失

本土文化包含但不限于传统文化，本土文化一定程度上是在传统文化的基础之上，经过一系列的整合发展而形成的，汇集了本民族民俗习惯和思维方式的结晶，进行重新阐释的文化。本土文化涵盖的内容十分丰富，会影响大学生的方方面面，但就目前的情况来看，本土文化仍然缺乏一定的认同感，大众文化会混淆大学生的价值选择，导致大学生对本土文化的认同感较低。

2. 校园文化环境作用发挥不好

（1）校园物质文化环境保障效果不佳

物质文化环境在文化环境中占据重要位置，物质既是大学生在学校生活和学习的基础条件，也是满足人的生存和发展需要的基本文化要素。它所展现出来的价值观念和文化底蕴，对大学生的思想政治教育有着重要的影响。目前，虽然我国对教育事业十分重视，不断地给以其资金投入，得到了教师和学生的肯定，但在实际实施过程中却由于缺乏整体科学的规划管理，导致文化环境并没有在实质上发挥出应有的作用。

（2）校园精神文化环境育人功能不强

校园精神文化环境是指师生都认可的校园文化和理念，并能对他们的一言一行起约束作用的精神文化因素，主要包括校园的历史传统、校训校史、学风和教风以及社团文化活动等内容，表现出每个学校的思想理念和情感风气，占据校园文化的重要位置。但在现实中，大多数高校都更容易注意到物质文化环境的建设与优化，却无形之中忽视了精神文化环境的建设和发展，造成了校园精神文化环境育人功能得不到应有的发挥。

（3）校园制度文化环境规范引领不够

校园制度文化环境是校园文化的一部分，二者联系密切。虽然目前各大高校都为自己学校制定了健全的管理制度，但深入其中，就可以察觉到，部分高校的制度文化环境还存在一定的问题，不能起到很好的规范引领作用。

3.家庭文化环境复杂多样

（1）部分家庭传统家风家训缺失

虽然传统的家风家训是我国的优秀传统文化，对家庭文化环境的营造有着重要作用，但目前还存在部分家庭家风家训缺失的情况。相比于学习成绩、绩点，家长更应该关心大学生的学习态度，更应该在其三观尚未形成的阶段，教会他们分辨是非，而不是让他们仅仅关心自己的切身利益，应该拥有大局观和大局意识。

（2）部分家长文化素养不高

家长的文化素养对大学生的思想政治教育而言起着重要作用。言传身教、耳濡目染是对孩子最有效的教育方式，良好的家庭教育者不单单是利用言语沟通，更多的是用良好的行为习惯去感染和启发下一代人。一个孩子的教养如何与父母的文化素养是密切相关的，具有较高文化素养的家长，会给孩子传递出正确的价值观念。家长由于受教育程度不同，决定了其带给孩子不同的教育理念和方式。家长的受教育程度不同，所拥有的知识结构、价值观念和文化素养就会不同，往往家长受教育程度越高，家长的文化素养也会更高，对孩子采取的教育理念就更加先进，教育方式也就更加科学。目前，还存在部分大学生家长文化素养较低的情况，他们对子女的教育理念和教育方式都存在一定的误区。

（3）部分家庭文化氛围不浓

家庭文化主要包括家庭物质、精神和制度文化，家庭物质文化是基础。家庭文化氛围涵盖的内容十分广泛，具有不同的文化形态，在日常行为习惯、为人处世的各个方面等，对孩子具有一定的教育意义，影响子女的成长。

此外，作为家长，一定不能片面地认为只有在对孩子进行口头说教时才会产生教育的效果，其实，家长的一举一动、一言一行，甚至是穿衣打扮、与人交流等都会对孩子产生重要影响。所以说，积极的家庭文化氛围，可以在无意识中让孩子形成正确的价值观念。

（三）思想政治教育载体运用存在的问题

从思想政治教育载体运用的过程看，这些问题具体表现在以下几个方面：从教育者看，主要表现在教育者价值引领能力、话语构建能力的供给不足，教育者职业素养和媒介素养的缺乏，视野的窄化等方面；从教育内容看，主要体现在教育内容供给缺乏时代性、现实性、结构性，以及教育内容供给与教育载体形式的不匹配；从载体运用看，主要分析了课程载体、活动载体、校园文化载体、谈话载体、管理载体、人格载体、网络载体等各载体在运用过程中所存在的问题，主要表现为课程载体中理论灌输的僵硬化，活动载体的泛形式化开展，校园文化载体未被充分开发与利用，谈话载体存在着高期待与低供给的矛盾，管理载体缺乏统筹性运用，人格载体选取缺乏科学性且运用形式单一，网络载体"硬件"供给有余而"软件"供给不足；从接受效果看，受教育者在某些方面接受效果欠佳，主要表现在大学生对思想政治教育认识的高度不够，运用所学知识解决问题的能力不足，部分学生存在着个人主义价值取向等。

1. 教育者供给不足

供给侧结构性改革提出于 2015 年，随着对供给侧结构性改革的深入研究，学者发现其在推进经济转型的过程中发挥着重要作用，对供给侧结构性改革的研究所取得的丰硕成果为社会科学的供给研究也提供了一种可供参考的范式。在运用思想政治教育载体的过程中，教育者是教育内容的供给者，大学生是教育内容的需求者，供给侧的供给质量直接决定着需求侧的"满足感"与"获得感"，也就是说供给质量的高或低直接影响着大学生的接受情况。

教育者是开展思想政治教育的教育主体，作为思想政治教育载体的主要选择者、运用者和实施者，其教育供给的"多"或"寡"直接影响着大学生思想政治教育载体的运用情况。教育者主要指承担思想政治课教学任务的思想政治课教师和从事学生工作的辅导员、班主任等。在思想政治教育过程之中，教育者供给不足主要表现在能力缺失、素养缺乏、视野窄化等方面。

2. 教育内容供给不足

教育内容并不是思想政治教育载体所固有的，而是根据一定的社会要求，针对教育对象的思想实际，经教育者选择设计后有目的、有计划地传导给教育对象的带有价值引导性的思想政治教育信息。

思想政治教育的内容就是用什么样的政治思想、道德观念去教育、引导大学生的问题，是一定社会思想政治教育目标的具体化体现。在思想政治教育过程中，教育者把特定的教育内容通过思想政治教育载体传递给受教育者，思想政治教育载体只有蕴含着特定的思想政治教育内容才能被思想政治教育者利用，因此教育内容的质量就直接影响着思想政治教育载体的有效运用，进而影响思想政治教育的感染力、吸引力、引领力与亲和力。总之，思想政治教育载体的运用能否提高大学生的思想道德素质进而促使其全面发展，与其所承载的教育内容有着密切的关系。

3. 载体运用缺乏创新

在思想政治教育实践中每一种载体都有其存在的现实性和合理性根源，它们形态多样。随着时代的发展、科学技术的突飞猛进、高等教育的内涵式发展，将衍生出更多的形态，形态的多样性为思想政治教育载体提供着多样化的选择。思想政治教育肩负着培养民族复兴时代新人的重要责任。但是，在运用思想政治教育载体的过程中，载体之间彼此孤立，缺乏创新、缺乏载体的有效整合。

4. 受教育者接受效果欠佳

思想政治教育载体作为一种承载着思想政治教育内容的中介，就是把一定的政治观点、思想观念、道德规范传递给受教育者，而受教育者的接受情况是衡量思想政治教育载体是否有效运用的关键，即通过运用特定载体，大学生所接受的政治观点、思想观念、道德规范是否满足自身成长需求及社会发展要求。在接受度维度，大学生思想政治教育载体的运用取得了一定成效，表现在大学生积极投身于中国梦的实践，具有强烈的爱国主义热情，广大大学生认同且践行社会主义核心价值观，专业课程中大学生积极参与互动，但也存在着受教育者接受效果欠佳的问题。

在思想政治教育载体运用过程中，如何让学生感受到思想政治教育真正的价值与魅力所在；如何把学生所接受的教育内容与社会现实相结合，引导学生用所学的理论理解和解决现实生活中的问题，也就是说如何"以透彻的学理分析回应学生，以彻底的思想理论说服学生，用真理的强大力量引导学生"仍是思想政治教育所面临的重要问题。

（四）思想政治教育文化融入存在的问题

高校思想政治教育应理性认识和深度把握中国文化建设的成果，在顺应新时代发展的创新要求中，以自主自觉的文化主体意识进行文化反思与文化调试，弥补学科在文化认知、文化认同、文化融入和文化创新中的缺位。

1. 思想政治教育缺乏对文化的重要性认知

高校思想政治教育与文化二者相互影响、相互制约。一方面，一定时空中的社会文化形成了特定的人文环境与艺术氛围，它们对人有着潜移默化的教育作用，深刻影响着人的交往行为与方式，鲜明塑造人的精神气质与底蕴。对高校思想政治教育而言，社会文化既是增强学科理论表现力和价值影响力的主要内容，又是其得以有效实施和运作的重要方法。另一方面，从文化现象的基本表征来看，高校思想政治教育的文化功能虽然有其特殊性，但它时刻都在积极传递和深化社会主流文化的价值内涵，其实践者和实践本身都呈现出丰富、生动的文化特质。党的十九大报告指出，要"深入挖掘中华优秀传统文化蕴含的思想观念、人文精神、道德规范，结合时代要求继承创新，让中华文化展现出永久魅力和时代风采"。因此，高校思想政治教育必须认识到文化的重要性，继承和弘扬中华优秀文化，赋予中华文化新的时代价值和现实意义。就目前而言，高校思想政治教育对文化的关注程度不高，在实际工作中缺少对二者融合发展的实践探索和正确认识。一些人认为高校思想政治教育有科学的理论指导、完整的学科体系和多年的教学工作实践，已经形成了健康高效的组织形式、发展道路和创新模式，融入文化会降低思想政治教育的意识形态性和专业化程度；另有一些人认为高校思想政治教育多年以来一直都在进行创新尝试，多视域下的融合发展、多维度中的体系构建、不同体制间的教育比较以及形式各异的范式转换等都没能有效提升学科在理论研究和教学实践中的实际效用，文化亦不会有"通天之能"，打破高校思想政治教育发展之瓶颈，打开学科建设新局面；还有一些人是彻底的务实主义者，他们认为高校思想政治教育要服从和服务于国家经济建设，要充分发挥其凝聚人心、汇聚民力的强大力量，要通过强有力的政治宣传和理论灌输使得大学生思想统一、行动统一，为祖国现代化建设出力，文化工作不仅耗费教育者的精力，还会在大学生群体中生成多元的价值观念，不利于形成广泛的社会合力。

2. 思想政治教育缺乏对文化的认同性建构

文化认同是人类认识自我的开端，是对自己本质归属和身份构建的理性洞察与深刻理解。对于国家和民族而言，文化认同同样具有重要意义，它反映了民族共同体对自己身份识别和情感依托的集体意识，是维护民族团结和祖国统一的重要心理基础和情感纽带。文化认同的核心是价值观认同，高校思想政治教育在解决大学生群体面临的各种思想问题与困惑时要从明确他们的人生观和价值观入手，因此构建以社会主义核心价值观为基础的文化认同成为高校思想政治教育义不容辞的责任。

3.思想政治教育缺乏对文化的传统性融入

新中国成立直至党的十八大，我们在社会主义改造、建设以及改革开放的历史进程中，为了谋求政治稳定和经济发展，对中国传统文化重视不足，这也造成了思想政治教育融入传统文化的缺失。党的十九大以后，党和政府开始高度重视中华优秀传统文化的创造性转化与创新性发展，但对于思想政治教育而言，将传统文化融入理论研究和课堂教学实践中的任务依旧艰巨。首先是高校思想政治教育对中国传统文化的理论反思不够，未能明确传统文化与现代文化、外来文化与本土文化、马克思主义哲学与中国传统哲学之间的关系；其次是高校思想政治教育未能有效遏制经济全球化背景下多种社会思潮对中国传统文化的价值消解，在历史虚无主义和文化虚无主义对中国历史及传统文化的轮番否定下，在西方资本主义对中国特色社会主义道路的歪曲和污蔑下，高校思想政治教育实践因为缺少对中华民族历史传承和文化特质的深入了解，并不能积极主动地进行有效反击；最后是高校思想政治教育未能借助互联网新媒体社交平台的巨大优势，自觉传播和弘扬中华优秀传统文化。信息技术时代的到来，使得文化传播的方式实现革命性突破，互联网全面升级了人们获取知识的途径、产生共鸣的方式以及情感表达的内容，高校思想政治教育面对快节奏、碎片化、网格式的信息交互方式，不能做出立竿见影的反馈，使得中华优秀传统文化无法借助高效的自媒体平台融入教育实践并内化为大学生的人文素养。

4.思想政治教育缺乏对文化的创新性发展

文化发展的实质在于文化创新，继承和弘扬中华优秀传统文化关键在于从理论和实践中深化对传统文化思想资源的创新转换，明确对传统文化价值观念的时代表达。高校思想政治教育激发和引领大学校园文化建设，应秉持科学的态度和实事求是的精神，从辩证的、客观的、全面的、透彻的角度去审视中国传统文化，既要提炼出文化中精华的、符合时代发展需求的积极要素，也要去除文化中落后的、腐朽的糟粕内容，形成契合社会创新发展需求，并体现现代文化开放性、多元性、超越性价值内核的大学校园文化。然而，在推动社会文化创新发展的自我定位中，以政治文化为显著特征的高校思想政治教育并不能有效把握文化创新的客观规律，也无法切实激发文化发展的内在动力。首先，高校思想政治教育单一性、权威性的话语叙述模式难以对多元思想中的大众文化和精英文化进行有效整合，思想政治教育对文化创新的引领力变弱；其次，高校思想政治教育多年来的

"实用技术旨趣"和功利化价值倾向使得这一教育活动鲜有丰厚的人文内涵，思想政治教育对文化创新的感染力变弱；再次，高校思想政治教育长期以来缺乏增进学科内生动力、创造活力和表现张力的创新工作体系，思想政治教育守正创新、提质扩容找不到可靠的着力点，学科自身创新能力的局限性决定了它在推动文化创新中发力不足；最后，意识形态教育的本质属性导致了学科建设的相对封闭性，政治敏感在一定程度上限制了思想政治教育的学术视野、研究视角、表达尺度和表现力度，因而高校思想政治教育缺乏助力文化创新的学术品格。

（五）思想政治理论课教师队伍建设存在的问题

在高校思想政治课教师队伍建设的实践过程中，已取得较为良好的成就，积累了丰富的经验，整体发展趋势积极向好。但从发展的角度看，还需要正视高校思想政治课教师队伍建设的不足，以新时代的新要求为导向，着力建设一支为党育人、为国育才的高素质队伍。

1. 高校思想政治理论课教师队伍数量亟须补足配齐

（1）高校思想政治课教师数量增长速度与高校扩招规模不同步

在高校扩招的大势驱动下，大学生的数量越来越多，但思想政治课教师的数量补充不足，明显滞后。作为一门面向高校全体学生开设的公共理论课程，思想政治课教师的教学任务与其数量配比不成正比会造成两方面负面效应：一是思想政治课"大班授课""重复授课"现象严重，教师除了每天备课上课以外，很难有时间与学生进行课下交流互动，教学实效性不足；二是思想政治课教师教学任务繁重，大量的课时安排挤占其科研、培训等自我提升的时间，教学成果转化不足、知识更新不及时，反过来制约教学质量的提升。

（2）高校思想政治课教师队伍数量在校际和区域间呈现出不平衡的"短板"

尽管从全国范围内来看，高校思想政治课教师队伍数量规模和师生比大致能够满足要求，但高校与高校之间、地区与地区之间仍存在着差距。就高校层面来看，思想政治课教师短缺主要表现为，本科高校教师缺口大于专科院校，民办高校教师缺口大于公办高校。就区域而言，经济较发达地区的高校教师缺口大于中西部地区的高校，这是由于经济社会水平发展较高的地区高等教育水平相对较高，高校较多、生源充足，教师引进速度低于招生速度，因此导致思想政治课师生比较低，缺编现象较为严重。

2.高校思想政治理论课教师队伍专业能力需要提升

高校思想政治课教师队伍的数量、规模、结构等方面取得较大成就，师生比要求基本得到满足，但仍存在着教师的专业能力需要提升的问题，具体表现为理论素养需要提升和教学转化能力有待加强。

（1）理论素养需要提升

教学是思想政治课教师的关键任务，要上好思想政治课尤其需要教师具备扎实的理论基础、深厚的人文素养以及前沿的学科知识，不断汲取、整合和运用知识，及时丰富和更新教学内容。但有的思想政治课教师由于理论功底不够扎实，没有树立以学生为中心的教学理念，只满足于教材知识的传授，造成课堂教学与学生需要相背离、与现实社会重大问题相脱离的现象。或者简单抛弃理论知识的传授，缺少专业知识的有力支撑，导致课堂教学的理论说服力不足、教学效果延续性不够。同时，部分思想政治课教师教学方式和手段稍显落后，授课的吸引力、感染力不足，效果不佳，影响学生在思想政治课上的获得感。

（2）教学转化能力有待加强

思想政治课教师的教学转化能力不足的问题，主要体现在将教学体系转化为认知体系和将教学实践转化为科研成果两个方面。

第一，将教学体系转化为学生的认知体系。在教学过程中，思想政治课教师能否"观照不同年级、专业背景及不同生活背景、个性特征的大学生"，能否将教材、教学体系转化为满足学生需要、适应学生认知水平的话语表达方式，关乎思想政治课的针对性。部分教师没有把握住思想政治课教学内容或方式与学生接受度之间的矛盾，将思想政治课讲得晦涩难懂、过于抽象，超越学生的认知，或讲得过于浅显，无法启发学生进行深入思考。第二，将教学实践转化为科研成果。除了思想政治课教学任务以外，高校思想政治课教师应该具备基本的学术功底和科研能力，能够将学生关切的问题或教学效果的呈现转化为科研成果。思想政治课教师要明确教学和科研的关系，教学是科研的基础，也是科研的动力，从教学实践活动转化出来的科研成果能够真正地贴合学生的需求，在一定程度上促进教学质量的提高。而科研则是教学的"源头活水"，从事科研工作有助于教师掌握学科发展动态，引导教学实践活动。教学与科研相互促进、相辅相成。

3.高校思想政治理论课教师队伍建设体系不够健全

高校思想政治课教师队伍建设体系是在思想政治课教师队伍建设的实践过程中按照一定规范和秩序所建立和发展的，保障各环节、各部门、各院系等主体之间的相互联系、有序运行。高校思想政治课教师队伍建设的体系仍然存在着不足之处，具体表现为准入制度不够健全、培训方式不够合理和考评方式不够科学。

（1）准入制度不够健全

健全合理的准入制度是实现高校思想政治课教师队伍稳定、科学和高质量发展的首要保障。随着马克思主义理论学科的不断发展，高校思想政治课教师的准入标准逐渐提高，不少高校引进教师时要求具有博士学位且对年龄有所限制。但有的高校受制于外部因素，人才引进乏力，准入标准片面化，仅对学历有所要求而对政治素养和师德师风把关不严。此外，就兼职思想政治课教师队伍而言，为缓解思想政治课教师人数不足的压力，兼职教师的遴选不严造成了教师学科背景宽泛、授课质量不佳、科研匹配度不够等问题。

（2）培训方式不够合理

培训是促进教师专业化发展的动力，也是提升整体育人质量的重要环节。一方面，近年来教育部充分借助网络，搭建资源共享型网上集体备课平台，邀请知名专家学者举办"周末理论大讲堂"，以直播的方式展示习近平新时代中国特色社会主义思想，为思想政治课教师提供定期参加示范培训的机会。各地区也注重将高校思想政治课教师的培训工作纳入规划，开展多种培训和各类研修、实践、讲座等活动。另一方面，主客观原因造成培训的效果不佳的问题。一是教师的教学科研任务繁重、培训时间安排不够合理，导致实际参与培训的教师人数不多，制约了其专业理论的丰富和创新能力的发展，后续培训往往难以持续开展。二是培训内容过于宽泛冗杂、针对性不强、无法兼顾个体需求等原因导致教师培训积极性不高、培训难以达到预期效果。

（3）考评方式不够科学

考核评价能够及时诊断教师的教学和科研质量，关乎思想政治课教师的职业晋升和个人发展。但由于部分高校考评制度的侧重点偏差、考核标准不够全面，偏重课题、项目、论文等，思想政治课教师的科研工作压力过大，课堂教学的精力相对不足。还有一些高校并未将思想政治课教师与其他学科专业课教师的考评区分开来，甚至共用一套标准，这与思想政治课教师的特点不相符，无法发挥考评的正向激励作用，进而影响思想政治课教师的工作热情。

第二节　互联网背景下思想政治教育的挑战

一、网络虚拟性导致思想政治教育话语权危机

网络的发展改变了人们的生活方式，一次次向传统社会发出挑战。如今网络的交往方式已然成为"互联网＋"时代最主要的交流互动方式。高校争取思想政治教育话语权的过程其实就是获得人心的过程，与传统的面对面的交往方式相比，大家更愿意选择新的网络形式。在虚拟化的网络空间中，高校大学生突破了传统观念的限制，使得高校思想政治教育工作者难以用现实的准则去进行约束和引导，尤其是在出现重大社会舆论事件时，思想政治教育话语的滞后性难以即时正确地引领网络舆论的走势。

二、良莠不齐的网络信息阻碍大学生科学"三观"的形成

网络信息丰富的同时必然伴随信息本身真伪、良莠的问题。网络中大量错误和垃圾信息的存在，致使马克思主义意识形态的主导地位遭到西方形式多样但本质不变的错误思潮的挑战，影响思想政治教育的话语表达，甚至导致思想政治教育话语权的消解。与此同时，大学生其自身具有的局限性导致其难辨真伪，极易受到一些负能量信息的蒙蔽，以致做出一时冲动和不顾后果的举动，对其自身、高校甚至社会造成不良影响。

面对来自网络五花八门的信息，处于"三观"尚未成熟阶段的大学生极易受到各种信息潜在理念的影响，进而影响高校主旋律教育的成效，阻碍大学生科学"三观"的形成。作为思想政治教育重点教育对象的大学生，他们本身的思想观念、政治观点和道德规范显著地体现思想政治教育的成效。

三、传统思想政治教育的表达方式不灵活

传统的高校思想政治教育话语表达过于政治化、说教化，导致学生对于思想政治教育始终有距离感和陌生感，难以贴近学生的实际生活，调动不起学生的主动性，同时也遏制了思想政治教育话语的创新。

高校思想政治教育基础课程主要包括"马克思主义基本原理概论""中国近现代史纲要""思想道德修养与法律基础"等，尽管每年教材都会更新最新思想，

但是和网络世界轻松易懂的用语相比显得较为枯燥难懂，可以说"互联网+"时代的出现削弱了传统思想政治教育的话语权垄断地位，而传统高校思想政治教育与现代网络思想政治教育的融合需要一个缓冲适应的过程，因此不可避免地出现传播格局分化重组，从而加大思想政治教育的工作难度。因此，为了满足现代化发展的需求，网络思想政治教育话语应不断进行话语创新，紧贴实际生活，汲取积极成分，进一步实现思想政治教育话语权的创新发展。

四、思想政治教育者参与互联网教学缺乏主动性

"互联网+"时代，人们的生活方式有了很大的改变，人们可以通过信息检索、论坛新闻、微信等渠道与外界进行紧密联系。在这一背景下，"互联网+"时代对思想政治教育有了新的要求，作为话语权主体的思想政治教育工作者更应该主动融入互联网，学习如何改变工作方式。然而，很多高校教育者受多年思维定式的影响，不愿意接受互联网，加之思想政治教育工作者中不乏年纪较大的学者，对新媒体的各种技术难以做到熟练掌握，从而间接地影响了思想政治教育的时效性。

另外，部分高校思想政治教育工作者仅仅停留在网页浏览和信息检索阶段，没有合理有效地运用沟通互动的平台进行深入了解和交流，在网络上仍用传统的单一的思想政治教育话语进行思想政治教育工作，没有根据互联网这一新语境与时俱进地调整和更新思想政治教育话语和表达方式，致使网络思想政治教育工作仍保留原有僵化、生硬的特点。

五、学生获取信息的便捷性弱化了教育主体的主导地位

思想政治教育的教育主体一般包括班主任、辅导员及其他思想政治工作者，这些主体在传统的思想政治教育环境中发挥着统领学生全局的作用，是教育全过程的主导者和权威代表。获取信息途径的多样化使大学生受到来自世界各地"教育主体"的影响，这些"教育主体"以自我正确或错误的思想影响大学生的认知判断能力。因此，在"互联网+"时代，大学生获取信息的便捷性以及教育主体的多元化一定程度上弱化了高校思想政治教育主体的主导地位。

第三节　社会转型背景下思想政治教育的挑战

一、世情的变化对思想政治教育环境的挑战

（一）文化多元化的影响

文化多元化主要指不同地域、不同时代文化表现的集合体，人类群体构成社会独特性与共有性的集合体。不同学者对文化多元化有不同的理解，其中很多学者认为文化多元化在全球范围内，兼容各民族文化，某地区或民族文化均为文化集合体的分支。文化多元化可以被视为新时期出现的一种先进思想，看待文化多元化需要转变传统思维观念，形成多元思想观。还有部分学者认为，文化多元化为不同民族、不同区域文化共存的状态，在同一社会、同一民族、同一时间可以存在不同类型的文化。文化间有一定的联系，并非独立存在，各文化会对彼此形成一定影响。文化多元化的划分方法有一定差别，一般因为划分方法不同，会衍生出不同的形态。

在文化中价值观异常重要。不同的民族、国家均有其独特的文化，其文化核心一般深藏于价值观念、思维方式之中。因为不同民族与国家的价值观念和思维方式不同，所以在全球范围内出现了以民族、国家为主的各种行为模式、风俗习惯、生活方式与文化心理等。通过对文化多元化的深入分析与解读，可以将其视为价值观念与思维方式的多元体现。

（二）经济全球化的影响

中国与世界经济的整体联系日益紧密，建设和发展都受到广泛而深远的影响。经济全球化给我国高校的思想政治教育也带来了深刻影响，既有积极的一面，又有消极的一面。

首先，经济全球化削弱了国家、民族的概念，影响高校思想政治教育对爱国主义精神的弘扬。经济全球化让大学生获得了更多接触世界领先科学技术和先进发展理念的机会，西方先进的物质经济文化正逐步影响我国青少年的价值观念，导致个别青少年在学习科学文化知识的黄金阶段，崇尚物质和享乐，追求西方物质文明，忽视本民族文化，产生民族认同危机，不利于爱国教育的深入开展。

其次，在经济全球化进程不断加快的今天，以国际互联网为代表的信息技术

飞速发展，给高校思想政治教育带来新的挑战。经济全球化背景下的网络化扩大了学生接受信息的来源，削弱了时空、权威的概念。由于大学生青睐先进知识和技术，更容易适应新的文化和生活方式，西方国家通过网络传播他们的社会制度、价值观、生活方式等，对我国大学生产生了重要影响。同时，网络信息传播的快速性、开放性、丰富性，使教育者和受教育者几乎可以同时获得相关信息，打破了传统教育主体的权威性。然而，相比之下，思想政治教育工作者在信息技术的运用上远不如学生，这极大地削弱了教育者的教育效果。

最后，网络创设虚拟时空，拓宽了大学生的活动范围；网络交流的匿名性，打破了实体社会中各种制度、机构、权威对大学生的约束。通过网络，大学生可以身在教室，走遍世界，涉猎各种信息，与拥有不同人生观、价值观的人进行交往，增加了其思想行为的不可控性。通过虚拟身份从事网上活动，大学生的言行举止易于脱离社会道德、社会舆论的约束，放松对自己的规范和要求。这一切都挑战着传统思想政治教育的权威性。

二、国情的变化对思想政治教育环境的挑战

在经济全球化和文化多元化的国际大背景下，中国正处在一个特殊的社会转型时期。改革开放以来，中国逐步从过去的计划经济体制转向社会主义市场经济体制，以经济体制巨变为首，政治、文化等方面的改革都在不同程度地推进。正是这种大刀阔斧的改革，或者说是积极主动的转型，使我国经济持续、高速发展，社会在总体上保持稳定，广大人民的生活水平得到了极大的提高，有了质的飞跃。但在经济快速发展的同时，一些社会问题浮出水面。思想政治教育具有先导性，需要不断引领人们适应社会的发展，但思想政治教育本身一刻也脱离不了社会环境的制约。因此，当代中国社会转型必然对思想政治教育环境产生方方面面的影响。

（一）市场经济的影响

从计划经济向社会主义市场经济转变，是我国社会转型中最为根本的方面。当社会主义市场经济逐渐成为经济生活中的主导方式时，对人们生活的渗透必将是全方位的，不可避免地会改变人们旧的、固有的传统思想观念和生活方式，新的思想观念，如竞争意识、自主意识、效益观念、民主法制观念、平等观念等越来越被人们接受，从而为思想政治教育环境增添新的血液和活力，促进思想政治教育的发展。同时，市场经济给思想政治教育环境带来的不利影响也是客

观存在的，对广大受教育者的影响最为明显。例如，市场经济一方面倡导人们积极竞争，为促进社会发展提供强大动力，另一方面致使人们恶性竞争、错误竞争，部分人为了在竞争中取胜放弃规则、不择手段；市场经济一方面倡导自立、自强、自主，为个人发展搭建广阔的平台，另一方面致使一部分人追求无限、绝对的自由，把个人自由、自主建立在牺牲他人和集体的利益基础之上，导致极端个人主义现象出现。

（二）利益主体多元化的影响

我国在社会主义市场经济体制建立和完善的过程中，已经形成了"以公有制为主体、多种所有制经济共同发展的基本经济制度"。多种经济成分的出现，导致社会组织形式、就业方式、生活方式、分配方式和利益关系呈现多样化。在社会转型的过程中，形成了不同的社会阶层和多种利益群体，使人们的观念发生了深刻的变化。这种变化是对思想政治教育及其环境的严峻挑战。

随着改革开放之后国门的打开，资本主义意识形态以多种形式进入国内，潜移默化地影响着人们的思想。利益主体多元化使人们产生了许多新的思想问题。社会转型过程中的实际问题使人们产生了各种各样的思想问题，客观上增强了思想政治教育环境的不和谐，增加了思想政治教育的难度。

（三）社会结构变化的影响

当代中国社会转型是指中国从传统社会向现代社会、从计划经济社会向市场经济社会、从封闭性社会向开放性社会的变迁和发展。在这种变迁和发展的过程中，社会结构的深刻变化是最重要的方面之一。随着多年的改革和发展，社会经济政治文化体制发生了巨大变化，使我国原有的社会结构大规模分化，许多新的社会阶层开始出现。这种社会阶层结构的变化直接引起社会价值取向的变动，冲击着旧有的思想观念，新旧观念发生激烈的冲击，在某种程度上造成了人们价值观念的混乱，表现在集体主义、整体观念和献身精神等社会主导价值观念受到冲击，个人主义、利己主义、实用主义、功利主义有所强化，使得思想政治教育工作的对象、范围和内容等都发生了重大变化，给思想政治教育环境带来了深刻的影响。

由社会结构变化而引起的价值观的多元化，有利于各种思想、文化和多种价值观的比较，有利于我们吸取人类所创造的一切思想、文化和道德的优秀成果。同时，也容易使人们感到迷茫，产生不适应社会发展的心理因素。

第三章　新时代思想政治教育的格局重塑

思想政治教育作为党的优良工作方法，始终是统战工作的重要组成部分。中国特色社会主义进入新时代，构建大统战工作格局面临新的机遇与挑战，需要思想政治教育的有效融入。本章分为新时代思想政治教育理念重塑、新时代思想政治教育的价值观重塑、新时代思想政治教育队伍重塑三部分。

第一节　新时代思想政治教育理念重塑

一、思想政治教育理念重塑的历程

一直以来，国家都十分重视精神文明建设，思想政治教育工作作为国家精神文明建设的重要组成部分，高校始终将其摆在各项工作的突出位置，尤其是改革开放以来，我国高校思想政治教育理念经历了四次重大变革。

（一）1978 年至 20 世纪 80 年代末的重建阶段

改革开放初期，国家将工作重点放在了经济建设上。为适应这一变化，高校思想政治教育理念由凌驾于各项工作之上转变为服务高校教育和国家经济发展大局。

（二）20 世纪 90 年代

这一阶段我国高校思想政治教育指导思想的确立汲取了历史发展的教训，开始从单纯强调思想政治教育要满足国家发展需求向培养学生健全人格的素质教育转变。素质教育理念的提出，是教育适应时代发展的必然结果，这一理念超过了传统思想政治教育单纯的政治定位，将学生德育教育与思想政治教育进行了有机融合。

（三）2000 年至 2010 年

随着互联网时代的到来，高校学生的思想日益多元化。教育部门开始越来越深刻地认识到高校思想政治教育作为高校教育的一部分，绝对不能与学生的能力培养和个人发展割裂开来。高校思想政治教育又提出以人为本的教育理念，将学生个体发展融入思想政治教育之中。

（四）2010 年至今

2010 年以后，随着智能手机、4G 网络以及微博、微信等社交软件的发展，我国社会进入了自媒体时代。随之带来的网络信息爆炸式增长和自由化传播，使我国高校思想政治教育工作环境又一次面临深刻变革，在自媒体时代背景下，高校思想政治教育理念面临新的挑战。

二、思想政治教育理念重塑的策略

（一）由一元管理向多元治理的模式转变

首先，在市场经济体制不断完善的背景下，其传统的教育方法已经不能满足学生增强主体性的需要。因此，为了更好地突出学生的主体性作用，以及提升学生的参与意识、民主意识，需要对传统灌输式的教学方法进行改革。在推动单向灌输向多向互动教学方法的转变中，教师需要转变观念，通过一种互动理念，将学生学习的主体性作用发挥出来，还要运用这种互动理念，明确教育者和受教育者之间的关系，提升思想政治教育的发展水平和效率。

其次，在转变一元管理的发展模式中，传统填鸭式、灌输式的教学方法显然不能满足学生的学习特征和需求。所以，教师可以通过校企合作教学、网络化思想政治教育和传统课堂教育携手共进的形式，提升教育的发展水平。在校企的治理和管理中，做好学生的思想、价值观的引领工作，还要占领思想政治教育在网络化治理和管理等方面的主阵地。对于传播或者转发不良思想政治教育内容的学生，思想政治教育工作者需要通过校企合作引导和教育等形式，提升舆论引导的管理水平，帮助学生有效地摒弃和识别错误的思想政治教育内容。

（二）坚持全人教育理念的指导

改革开放以来，我国经济社会蓬勃发展，社会各主体对自身利益诉求的表达更加丰富。全人教育理念以尊重教育主体、促进人的全面发展为核心理念，为加速高校思想政治教育优质化发展提供了重要指导。高校党政工作者必须在思想上明确教育主体，在内容上贴近现实发展，在评价上重视全面持久，以便助力学生的成长。

1. 立足高校学生的现在与未来

思想政治教育是人生发展的基石，高校实施思想政治教育，将助力学生持续进步与全面提升。开展全人教育同样基于这一目的，希望学生具备完善的认知体系、坚定的政治立场、较高的道德标准，以便更好地承担起建设未来中国的责任。高校党政工作者要始终坚持全人教育理念，从思想政治教育的多重维度解读，并着眼于学生的现在与未来发展：第一，以发展的眼光处理现阶段的教育行为，考虑思想政治教育的持久性与发展性，建立起一条链接现在与未来的成长路径；第二，兼顾知识与素养的全面发展，要一手抓知识体系，另一手抓政治素养，以知识促素养、以素养夯知识，从而实现学生的全面发展。

2. 找准思想政治教育与全人教育的对接点

要深挖思想政治教育与全人教育的内在联系，找准思想政治教育与全人教育的对接点，在思想政治教育中审视全人教育理念，在全人教育理念指导下推进思想政治教育。第一，教育主体的一致性。思想政治教育与全人教育在教育主体方面具有一致性，建议从人的身心健康和认知建构方面入手，将思想政治教育与全人教育融为一体。第二，教育主导者的一致性。思想政治教育的具体操作者是高校的班主任、辅导员和思想政治理论课教师及其他任课教师，他们也是实施全人教育的重要主体，要引导他们做到兼容、兼顾，完成好这两项任务。第三，教育目标的一致性。思想政治教育与全人教育都志在培养更完善、健全的人，虽然前者有清晰的政治理想，但后者也是前者实现教育目标的重要前提。故高校要坚定不移地推行全人教育，通过各种有效的教学策略，提升学生的思想境界、政治素养和道德水准，从而为我国的思想政治教育发展作出贡献。

（三）树立以人为本的思想政治教育理念

在简单的说教以及传统的思想政治教育工作中，部分教育工作者忽略其教育的情感沟通和人文关怀，过于注重理论的灌输，这对发展学生的多元化能力和思想意识也会产生不良影响。思想政治教育工作不能使用传统的说教方式来传授理论和知识，需要通过情感沟通和人文关怀的形式来感染学生，从而促进学生全面发展。传统思想政治教育只停留在学生知识和理论的传授方面，没有注重情感沟通、人文关怀。新常态背景下的思想政治教育，需要结合大学生群体的特点，树立以学生为本的教育观点。

大学生普遍存在政治意识强、鉴别能力弱的特点，这需要教育者树立以学生为本的思想，积极与学生进行情感沟通，在交流的过程中，满足学生的知识学习渴望和需求，给予学生更好地关怀。在以人为本的思想政治理念下，我国思想政治教育改革工作需要从实际出发，采用网络思想政治教育和传统思想政治教育结合的形式，从多方面落实以人为本的教育思想。在以人为本的思想政治教育理念下，高校可以结合时代发展要求，构建校企协同育人体系。高校可以与知名企业构建校企合作平台，与企业共同在人才培养、科学研究、创新创业、思想政治教育等方面开展合作教学。创建以行业需求为导向、学院主动为行业企业服务的校企合作长效机制，加强企业所需人才的培养，或者创新基于协同育人、协同创新、服务社会的校企协同育人品牌，形成以德育教育为先、以能力培养为重点的校企协同育人体系，提升思想政治教育教学效果。

（四）积极使用现代化思想政治教育方式

目前，高校思想政治教育理念的发展与创新工作离不开现代化教育模式的应用。一方面，在使用现代化思想政治教育的方式中，思想政治教育工作者首先应该具有一定的现代化教学思维，具有现代化教学技术、软件的使用意识，落实有关现代化的思想政治教育工作。同时，多媒体技术、新媒体平台、网络化教学资源、翻转课堂教学模式应该被广泛地应用在思想政治课堂教学中，通过这种现代化的模式，提升学生的学习针对性。另一方面，在现代化思想政治教育方式的应用中，学校、思想政治教育工作者可以与学生构建针对微博、微信的新媒体工作平台，也可以结合抖音等新媒体，传递思想政治教育知识，加强与学生之间的思想政治教育互动，培育学生良好的学习观念和价值观。在加强校企合作方面，高校思想政治教育可以加强校企合作育人基地的建设，积极促进校企合作育人工作的开展。学校可以联合企业实行知行合一促进工程，加强学生正确思想价值观、劳动技能的培养，并且和企业共同组织公益劳动、志愿服务等活动，加强学生社会公德的培育。高校和企业可以联合开展新生专业教育进企业参观、校企共建就业实践基地等活动，加强学生良好意识、劳动精神、工匠精神的培育，将自己的理想信念与国家民族事业融合。学校和企业在合作中可以为学生安排毕业进入企业实习的相关活动，发挥企业配合支持的作用，满足学生自身学业和职业规划发展需求，增强学生的内生动力。

第二节 新时代思想政治教育的价值观重塑

一、传统价值观的含义与作用

（一）传统价值观的含义

传统价值观，是本民族在长期的社会实践活动中形成的对于客观世界的思想认识和价值判断。传统价值观作为本民族处理人、社会及自然关系的认知和观点，以及评判是非的一种价值标准和情感态度，起源于春秋战国时期，集中展现于儒、法、道、墨等各家学说，通过特殊的传承方式，演变成了本民族的文化基因，形成了一种潜在的认知倾向和行为方式。

一般来讲，我们习惯于把传统价值观分为两个部分，一是对人的思想和行为给予积极影响的精华部分；二是对人的思想和行为给予消极影响的糟粕部分。传统价值观随着社会生产力的提高不断地延续和更新，它旺盛的生命力与统治阶级批评继承和扬弃创新密不可分。统治阶级历来注重本民族的传统价值观念，主要有下列几个因素：一是传统价值观内在地包含着一定的价值认识和价值标准，具有一定的评估作用，这种作用也会产生相应的归属认同感；二是传统价值观在一定程度上展现了主体的价值理想，这种价值理想作用于主体的思想和行为，对于主体有着一定的调节规范功能；三是传统价值观不仅能给予主体一定的思想认识，而且能在特定的条件下激发主体的意识和情感，给予主体实践活动的精神动力支持。

（二）传统价值观的作用

传统价值观是思想政治教育话语体系创新的重要资源，其作用主要体现在以下方面：传统价值观为思想政治教育话语体系提供了内容；传统价值观为思想政治教育话题体系提供了方法借鉴；传统价值观塑造了思想政治教育的环境。

1. 传统价值观为思想政治教育话语体系提供了内容

传统价值观历经数千年的著书立说，史料书册繁多，其所包含的内容极为丰富，囊括了立志勤勉、修身养性、好学不倦、入仕为官、治国治家等各个方面，其对教化民众、规范行为、促进国家的和谐稳定有着重要的作用。

传统价值观包含众多内容，我们可以从儒家的"仁、义、礼、智、信"等价值观入手。这些传统价值观在时代的变迁中创新发展，保持着历久弥新的品质，成为当代思想政治教育话语体系建构的重要内容。

第一，"仁"。《礼记·中庸》："仁者，人也，亲亲为大。"具体说来，最初的"仁"就是亲人之间的相互爱护，而孔子扩展了"仁"的范围。把"仁"概括为"己所不欲，勿施于人"，通过自我的修养，提高德性，把仁保存于心中，"仁"就必然外化为关心他人和尊敬他人。这种"仁"由己及人、由近及远不断地向外延伸及他人、世间万物，至此"仁"就成为伦理道德结构的核心，成为我们认可的道德标准。

第二，"义"。《论语·卫灵公》："义者，宜也，裁制事物使合宜也。"所谓的"义"就是和谐、和顺。一方面，表现为社会秩序的合宜性的前提条件，也就是我们现代社会所倡导的自由、平等、公正、法治。另一方面，表现为道德层面的个人约束，孔子强调"君子义以为质"，在他看来"义"就是君子为人的根本，也是首先崇尚的品质，才有了"不义而富且贵，于我如浮云"的见地。"义"作为一种传统价值观，是市场经济的补充和完善，具有超越时空的价值。

第三，"礼"。《荀子·修身》："人无礼则不生，事无礼则不成，国家无礼则不宁。"在个人层面表现为礼仪和言行素养；在社会层面表现为和谐和秩序；在国家层面表现为制度安排的科学性。

第四，"智"。《礼记·中庸》："博学之，审问之，慎思之，明辨之，笃行之。"这就是对"智"的集中概括，五个环节紧紧相扣，从理论到实践逐级推进。当下社会所倡导的"智"不是知识，而是不断地学习知识、明白事理、辨别是非、坚守道德底线、追求道德理想，做一个真正具有智慧的人。

第五，"信"。《说文解字》："诚，信也。从言，成声。"传统社会通常将诚信连用，诚信就是真诚信实之义。两者分开意义又有所侧重，"诚"是内诚于心，"信"是外信于行。这也成为考察个人品德的评判准则。在当下社会，"信"成为安身立命之本，成为市场经济契约精神的重要表现，成为社会信用体系建设的重要切入点。

除了仁、义、礼、智、信等价值认识外，还有大量的传统价值观仍然活跃在当今的思想政治教育话语体系中，如诚、善、和、勤、勇、友、亲、中、民本、气节等，这些价值观作为思想政治教育话语体系内容，具有能动的思想政治教育功能，指导着我们的实践活动和价值判断，推动着整个社会思想道德和意识形态的形成和发展。

2. 传统价值观为思想政治教育话题体系提供了方法借鉴

传统价值观是一种价值认识，在传统社会中发挥着"法律"的效用，其发挥作用的途径和方法值得学习和借鉴。传统教育与人们的生产、生活中的风俗习惯融为一体，但由于国家、阶级的出现，其越来越强调阶级意识和政治观念的灌输，以形成契合本阶级价值取向的道德规范，由此形成了人们普遍认同的价值观。因此，我们也可以说，传统教育在一定程度上就是思想政治教育，思想政治教育话语体系应更加注重借鉴传统的方式对受众进行认识、情感、意志以及行动的引导。传统社会的发展和稳定与传统价值观的教育和传播密不可分，传统价值观的传播充分利用了家国同构的社会体制和修身、齐家、治国、平天下的个人奋斗路径，也充分利用受众之间较强的情感联系，把适用于家庭的道德思想和规范要求延伸至整个国家和社会体系内。当今我们在进行道德教育的过程中，在一定程度上借鉴了传统价值观的传播方式。

3. 传统价值观塑造了思想政治教育的环境

思想政治教育环境是影响教育活动和受众思想品德塑造的重要因素。传统价值观作为本民族的一种价值观念，其既表征着人们在本民族实践活动过程中建构起来的人生信条、理想信仰等观念系统，又表征着传统价值观形成、发展过程中显露出来的行为方式，主要是指本民族的衣食住行、社会交往、节日风俗等受传统价值观的影响和制约。

从家庭环境角度来看，家庭是人生的第一所学校，家庭伴随着人的一生。中国传统的家庭教育在传统社会中占有举足轻重的位置，同时也呈现出鲜明的特点。德育是家庭教育中的一项重要内容。家庭教育的目的就是教育子女怎样做人，如何做一个懂人伦、有德行的人，即怎样立身处世、待人接物，成为一个得到家庭和社会认可的人。做人首先就要有好的德行，通常我们称君子为德才兼备，德高于才的人。德的标准是仁，就是"仁者爱人"，这里面包含怎样成为一个有仁德的人，即懂得如何爱自己、爱亲人、爱他人，最后将这种爱推及世间万物。同时，传统家庭教育也非常注重孝悌之道，其是建立于一切人伦关系、营造和谐家庭氛围的基础，更是开展其他教育的起点。除此之外，诚实守信、勤俭节约、轻财重义、乐善好施等都是传统家庭教育的重要内容，因此，根植于家庭教育的传统价值观为思想政治教育塑造了环境优势。从学校环境的角度而言，各级各类学校开设传统相关课程、教授相关理论知识、研究其发展历程及对当下社会发展的作用；从社会环境的角度而言，当下我们的社会管理、人际关系、社会风气在一定程度上受到传统价值观的影响。

传统价值观与民族的文化传承和发展密不可分，对我们有着天然的影响，它集聚了历代先贤对世界、国家和个人的价值思考，注重对民族精神实质的把握和厘清，具有很强的启发性和指导性。传统价值观是在前人启示后人和后人承接前人的延续和连贯中升华的，这既是一个漫长积累的过程，又是一个变化发展的过程，是一个知而取舍、知而选择、知而进取的历程，为当下思想政治教育塑造了良好的环境。

二、新时代思想政治教育的价值观重塑策略

（一）社会主义核心价值观教育的重塑

1.丰富社会主义核心价值观教育的人学内容

价值观联系主体需要和实践，无论这个主体是社会还是个人，其需要和实践都在不断变化发展，主体的价值观也不可能是一成不变的封闭系统，其内容也应该具有开放性，需要我们不断丰富和完善。

（1）科学的利益观教育

价值联系人的需要，物质利益和精神利益是分别联系人的物质性需要和精神性需要的价值，也就是说在人与客体的价值关系中，客体能够直接或间接地通过客观事物的物质属性或精神属性来满足人的需要，与人现实生活中的各种利益紧密联系，所以科学的利益观就成为我们进行社会主义核心价值观教育不可忽视的重要内容。

（2）劳动价值观教育

劳动是一切价值的源泉，有关劳动价值的观点和根本看法自然是社会主义核心价值观教育的应有之义。大学生只有坚持正确的劳动价值观，才能理解"劳动是财富和幸福的源泉"，才能在社会主义建设实践中诚实劳动、艰苦奋斗，实现共同的价值理想和个人的美好价值追求。

一是要明确劳动的本质与价值。劳动创造了人和人类社会。劳动使人与动物有了质的区别，同时由于个体有限的力量无法对抗自然界，需要共同劳动，因而创造出其社会本质。劳动与教育相结合是实现人的全面发展的重要途径。社会生产力水平的发展是人发展的结果，也是人进一步发展的动力，在这个双向互动的过程中，社会的发展目标要求通过教育培养德智体美劳全面发展的"人才"，同时社会全面进步的发展成果也为实现人的全面发展创造了条件，这两个方面是相

互联系、相互促进的。在教育中重视学生的劳动实践，不仅能够充分帮助学生提高劳动所需的能力，而且能够使学生在劳动的"获得感"与"满足感"中产生积极的劳动态度和内在动力。

二是树立热爱和尊崇劳动、尊重和爱护劳动者以及尊重和珍惜劳动成果的劳动态度。当前一些人对劳动、劳动者以及劳动成果的态度在一定程度上偏离了社会主义核心价值观的取向。社会财富的丰富要求我们尊重和珍惜一切劳动成果。社会生产力的发展带来生活水平的提高，许多大学生由于没有经历过艰苦奋斗的劳动过程且价值观不够成熟，出现了攀比和浪费的现象，这都是错误劳动价值观念的体现。因此，我们在进行劳动价值观教育的过程中要注意通过辛苦劳动的体验，引导大学生树立尊重和珍惜劳动成果的劳动态度，这也有利于大学生进一步形成"艰苦奋斗、诚实劳动"的行为倾向。

三是要践行"工匠精神"和"劳模精神"，通过创造性的劳动创造"财富"和"幸福"。首先，劳动价值观教育要突出弘扬"工匠精神"和"劳模精神"，这要求我们在教育过程中帮助大学生提高他们的劳动技能，使他们在具体劳动过程和以后的职业生涯中不仅能够"敬业"和"精益求精"，不断提高劳动产品的质量以创造包含更多价值的社会财富，而且能够"爱岗""奉献"，以高尚的劳动态度间接促进社会财富的创造。其次，劳动价值观教育要引导大学生树立创造性劳动意识。当前的经济是一种知识经济，创造性的劳动能够更高效、高质地创造价值以满足社会进步和个人发展的需要，有利于实现人的"超越性"，因此个人的全面发展离不开创造性的劳动，国家和社会的进步也离不开创新型的劳动者。

2.坚持中华优秀传统文化的全方位立体融入

从融入教育的困境、挑战和路径来看，融入教育的开展必须做到全方位立体融入。因此，我们必须要使融入内容丰富化，实现全领域覆盖；要使融入载体多样化，实现多维度浸润；融入教育常态化，实现立体化践行。

（1）融入内容丰富化，实现全领域覆盖

融入教育的根本在于内容的丰富化，即有内容可融入、有资源可利用、有因子可挖掘。中华优秀传统文化本身具有丰富性，挖掘其中与社会主义核心价值观耦合的部分，通过故事、道理、事迹、理论等形式丰富社会主义核心价值观教育的内容，将这些内容渗透到大学生社会主义核心价值观教育的全部过程和全部领域，每个环节都做到"精、细、实"。

首先，"精"是实现融入内容丰富化的基础。精品的生命力在于读者能读懂、悟到、领会，而融入教育的表现力在于内容的精准度、精细化、精致度。将中华优秀传统文化中所蕴含的有关社会主义核心价值观的精品挖掘出来，通过深加工转化为现代语言，呈现精品。

其次，"细"是实现融入内容丰富化的保障。中华优秀传统文化的融入教育不仅要从宏观上把握整体教育逻辑，还要在微观中探寻细微变化脉络。一种文化融入一种价值观教育中，需要深入剖析根据时代发展而改变了的价值观释义，从每一个微观变化中寻找时代发展的轨迹，与时俱进。

最后，"实"是实现融入内容丰富化的目标。融入内容的实效性、实际性、务实性是融入内容必须关注的三个方面。实效性即融入的内容必须有切实效果，而不是"当一天和尚撞一天钟"；实际性即融入的内容必须贴合实际，而不是"乌托邦式幻想者"；务实性即融入的内容要有相对具体性和可实现性，而不是"队列空喊出的口号"。只有实现融入内容的"精、细、实"，才能真正做到融入内容丰富化，进而实现全领域覆盖。

（2）融入载体多样化，实现多维度浸润

教育内容的呈现必须借助一定的载体，必须十分注重利用日常生活中的各种传播载体，以融入载体之"多样"促进社会主义核心价值观之"浸润"。

首先，实现融入载体多样化必须明确每个载体的功能，以免无序化。无论是课堂教育，还是网络教育，抑或是实践教育，如果不能了解每个载体的功能和教育效果，一味地追求融入载体多样化，势必会陷入融入载体繁杂无序的困境。如课堂教育的功能是让学生在教师的引导下，系统地掌握融入教育的内容，使融入教育体系化；网络教育的功能是让学生填补课堂教育中没有涉及的知识，使融入教育充实化；实践教育的功能是让学生在现实生活中积极主动地运用所学的理论知识，使融入教育务实化。

其次，实现融入载体多样化必须形成教育载体的合力，以免孤岛化。实践教育为课堂教育提供现实支撑，网络教育为实践教育提供多样化的知识普及，而环境教育既夯实学校教育与家庭教育的教育成果，又为实践教育和网络教育提供现实的可能性。因此，只有每个载体之间形成教育合力，互相补充，才能做到融入教育多维度浸润，使融入教育具有联动感。

最后，实现融入载体多样化必须加快载体创新的步伐，以免陈旧化。创新是融入教育的生命力。例如，利用 VR（虚拟现实）技术、人工智能、5G 物联网技术等新型科技手段，让融入教育具有新鲜感和吸引力。正如当时风靡的互联网技术，在其新鲜、高效、便捷的特性下，网络思想政治教育的效果得到了显著提升，大学生对网络思想政治教育的满意度也在逐年上升。因此，只有不断根据实际加大融入载体的创新力度，才能以最"新"的载体吸引大学生参与，使融入教育永葆新鲜感。

（3）融入教育常态化，实现立体化践行

融入教育的开展是一个长期实现的过程，价值观的塑成也是循序渐进的过程。如果将融入教育固化于教材，形化于课堂，那么融入教育课程只会成为一门门"上完就走，考试一背"的副科。因此，必须让融入教育像空气一样无处不在、无时不有，实现融入教育在时间上持之以恒的常态化。

其一，融入教育常态化是强化核心价值引领地位的客观需求。核心价值观作为社会全员共识的风向标，应该并且必须不断汲取优秀因子，让融入教育常态化。做到"时时有融入，处处有教育"，使得大学生在多元价值观的侵袭中具有价值选择的风向标。

其二，融入教育常态化是汲取中华优秀传统文化历史经验的有力保障。作为一种博大精深的文化，其中所蕴含的历史经验和营养成分是极多的。只有实现融入教育常态化，才能充分汲取中华优秀传统文化历史经验。融入教育不仅仅是融入本身，更重要的是融入过程的体悟，是从中华优秀传统文化中汲取积极因子来构建良好的教育生态。

其三，融入教育常态化是积极跟进时代发展步伐的必要条件。融入教育并不是一蹴而就的，而是要准确把握时代脉搏，教育需要什么，就从中华优秀传统文化中挖掘什么。因此，要推动融入内容跟上理论创新、融入方式跟上需求变化、融入途径跟上技术进步，进而推动融入教育常态化，实现立体化践行的目标。

3. 健全社会主义核心价值观生活化教育机制

健全高校社会主义核心价值观生活化教育的教育机制，包括建立健全运行保障机制、实践教育机制和考评奖惩机制。

（1）建立健全运行保障机制

为了保障高校的社会主义核心价值观教育能在日常生活中顺利进行，并收获成效，需要建立健全高校社会主义核心价值观生活化教育的运行保障机制。

首先，要健全领导机制。健全领导机制是从高校领导层面出发，发挥高校的顶层设计作用。高校领导重视社会主义核心价值观生活化教育，把微素养提升和生活化教育放在高校教育的重要位置。提高高校内各单位、各部门对于社会主义核心价值观生活化教育的意识，贯彻教师的微素养理念并提高其微技能水平，使生活化教育理念和提升微素养水平贯穿于高校教育的各个过程之中。让高校中的专任教师、行政教师、辅导员和心理教师等教职员工接受微素养和微技能培育，从而在教学实践当中运用微媒介进行生活化教育。

其次，要完善监管机制。如今，微平台已经成为舆情斗争的主战场，多元化的价值观在微平台上碰撞与传播，影响着大学生的价值选择，因此，加强和完善微平台的监管机制刻不容缓。其一，要完善突发事件应对管理机制。因微时代下，信息传播的即时性和广泛性，一旦高校有突发事件发生，便会有人上传至微媒体中。为了应对突发舆情事件，高校应完善突发事件应对管理机制，做好高校舆情把控，防止谣言散播。其二，要完善校园网络信息管理机制，高校应发挥校园网络安全防御卫士的作用，严把校园安全网络关口，实时监测网络信息，一旦捕捉到不良信息及时删除。其三，要完善校园网络人员使用资质审核机制，网络上使用人员鱼龙混杂，发布信息的质量参差不齐，为了净化校园网络环境，必须严格审核使用人员的资质。对于不可控的外来人员，不予开放校园网络；对于在校园网络环境下发布不良信息的人员，限制其信息发布的资格。

最后，要建立长效机制。要实现社会主义核心价值观教育日常化，必须建立长效机制，让社会主义核心价值观生活化教育理念深入教育者内心之中，使得社会主义核心价值观生活化教育模式长效地进行下去。社会主义核心价值观生活化教育模式的运用效果，在短期内呈现不明显，需经过长期的、不间断的作用，使之全面覆盖式渗入大学生"微生活"之中，并持续不断地进行，如此才能收获效果。因此，社会主义核心价值观生活化教育要建立长效运行机制，以保证其教育的顺利进行。

（2）建立健全实践教育机制

社会主义核心价值观教育在理论方面的教育十分重要，同样，生活实践教育也不能忽视。要将其切实融入生活实践当中，在生活实践中起到教育作用。为了保障实践教育的顺利进行，需要建立健全实践教育机制。

首先，要教学实践与社会实践相结合。课堂上学习的专业理论知识要转化为实践技能，必须经过教学实践的锻炼，才能将理论知识真正学懂、学会、学精。对于在课堂中学习的社会主义核心价值观理性知识，学生要想得到进一步的飞跃，必须到社会实践中进行亲身体验。只有在社会实践中进行品德教育，才能将理性知识内化为精神理念，外化为自觉行为。没有在生活中的实践体验，核心价值观教育只是"纸上谈兵"，理论化的核心价值观教育难以真正入脑、入心、入行。

只有经过了在生活中的亲身体验，对核心价值观有了自己的深刻理解，才能将其内化为精神追求。高校可在微平台上开通如"大学生微实践"等话题区，引导大学生将自己的社会实践经验在微媒体平台上进行记录与分享，宣传与传播大学生"微实践"的正能量。

其次，要注重礼仪制度，实行节日仪式实践教育。我国作为礼仪之邦，礼仪教育未曾缺席中国教育。我们自幼年起便开始接受礼仪教育，在高校中更要继续发扬礼仪教育。一是运用校园微平台传播礼仪文化。将我国宏大的礼仪文化制作为形象的、生动的、具象化的文化内容，以微媒体为载体在大学生的"微生活"中进行宣传。二是通过课堂上、校园内有仪式感的活动进行实践教育。例如，在开展大型活动前举行升国旗、奏唱国歌的仪式，增强学生的爱国意识；在上课前的"起立"和"问好"环节，增强学生的尊师重道意识；开展打扫校园活动，培养学生爱劳动的习惯。三是利用中国节日培养大学生的道德情操。例如，借助春节活动教育大学生敬重长辈；借助国庆节活动培育大学生的爱国情怀；借助劳动节活动培养大学生爱岗敬业、勤劳正直的品质。通过微平台礼仪文化传播、节假日文化活动、仪式感教育的方式，使得大学生在"微实践"中学习中国文化的同时，接受民族精神文化教育。

（3）建立健全考评奖惩机制

为了激励和考评高校社会主义核心价值观生活化教育实施的效果，建立健全考评奖惩机制必不可少。通过考评机制了解教育成效，以调整教育方式；通过奖惩机制激发教育者和受教育者的积极性，促使教育者和受教育者提升传播主流价值观的自觉性。

首先，要完善考评机制。考评机制是检验高校社会主义核心价值观生活化教育效果的动态机制，它以高校社会主义核心价值观生活化教育为考评目标，以教育者和教育对象为考评对象，不定期地调查、分析和总结考评对象的价值取向、思想动态和行为习惯，对高校社会主义核心价值观培育的成效做出判断。制定考评机制要注意以下三点：第一，将过程性评价与终结性评价相结合。过程性评价使得考评更加生活化、日常化和动态化，让考评结果更真实可靠。终结性评价是为了评估教育的最终成效。两种评价方式相结合，保证了考评结果的真实性、可靠性。第二，将教育者评价与教育对象评价相结合。在评价教育主体与教育客体方面，两方都应参与考评，最终以一定的比例系数计算出结果，从而保证评价结果的客观、有效。第三，将大学生综合素质测评与践行社会主义核心价值观挂钩。大学生综合素质测评关乎大学生的评奖评优，而自觉、主动践行社会主义核心价值观是国家、社会和高校对大学生的行为提出的具体要求，将它纳入综合素质测评，一方面有助于激励大学生在日常生活中转变行为方式、行为态度和行为习惯，主动传递正能量，如在微平台中拍摄和发布具有正能量的视频、编辑和发布正能量的文字和图片等；另一方面，大学生综合素质测评机制仍需完善。评价大学生不单从成绩角度进行评价，更要从价值层面如价值观选择、价值判断等方面测评。

其次，要建立健全奖惩机制。奖励机制从正面激励出发，而惩罚机制从反面教育出发，奖惩机制的建立为微时代高校社会主义核心价值观生活化教育的实现提供激励保障。一方面，要完善奖励机制，可采用精神表扬和物质激励相结合的方式。在精神表扬方面，可单独口头表扬，可在公开场合公开表扬，亦可在颁奖典礼中颁发证书，抑或是通过官方微媒体平台不断宣传。在物质激励方面，可给予一定的奖金或奖品，以此激励大学生遵循向善、向上、向前、向好的日常行为准则，自觉践行社会主义核心价值观。以正面激励的方式调动大学生的积极性，激发其潜在的正能量。另一方面，仅有正面激励是不够的，还应从反面教育的角度出发，制定惩罚机制，用反向教育遏制不良现象的发生。

（二）高校意识形态凝聚力建设的重塑

1.认真贯彻高校意识形态工作的基本原则

原则是在认识问题、分析问题、解决问题的过程中应该遵循的根本准则。高校亦是如此，在开展意识形态工作的过程中不能毫无逻辑和方向，而是要根据育人规律，遵循一定的科学原则来开展意识形态工作。

（1）坚持党管意识形态原则

高校要自觉将党性原则作为意识形态工作的首要原则，在工作过程中要与党的政治方向保持一致，高校意识形态工作必须建立在党对高校的全面领导的基础之上。加强党对高校的领导，就要严格落实意识形态责任制，从高校意识形态工作理念、内容和载体方面出发，把高校意识形态领导权落在实处，尤其是高校党委要意识到自身所承担的工作责任。落实意识形态工作并不是停留在"喊口号"的层面，而是主动去校园内调研和分析高校师生的思想动态状况，用自身的实际行动感化和带动周围的同事，使他们也积极加入意识形态工作队伍当中来。高校党委要提高对意识形态工作的重视程度，认真贯彻三全育人理念，对于意识形态工作中出现的问题要勇于担当，要具备解决问题的勇气和胆量。另外，高校党委要主动加强意识形态工作阵地管理，以防工作阵地发生动摇；高校党委要积极引导校园舆论，以防不良舆论侵扰大学生的思想观念；高校党委要加强对校园媒体的监督，以防校园媒体人在意识形态工作中"失声"。

（2）坚持继承性与创新性相统一的原则

任何事物的发展都需要创新，高校意识形态工作亦是如此。高校也要认识到意识形态工作面临的形势已经发生深刻变化。面对新的环境，高校不能只是依赖过去的工作经验，要学会灵活变通，在认真总结以往经验的基础上创新，才能应对局势新变化。所以高校意识形态工作应在创新中继承、在继承中创新，把继承性与创新性有机结合起来。一方面，高校意识形态工作要立足传统，在继承中创新。继承不是指原封不动地照搬过去的工作经验，而是总结过去高校意识形态工作中的优良传统，然后再根据时代发展要求创造性地加以利用。例如，长期以来，我国高校意识形态工作都离不开思想政治理论课这个重要阵地，这个阵地发挥着重要的育人作用。所以即使意识形态工作出现了新的阵地，思想政治理论课的重要性也不能被忽视。但是，高校也要防止僵化地利用其进行意识形态教育，要不断根据时代发展要求，及时更新教育内容，改变课堂授课形式，实现对传统思想政治理论课的超越。另一方面，高校要适应新环境，要注重运用新的思维方式解决意识形态工作中出现的新问题，坚持创新性原则。高校要坚持意识形态工作手段创新，激发意识形态工作的活力。尤其是高校意识形态工作者，要释放自己的工作潜力，以创新为意识形态工作的"题眼"，破除传统的工作定式，突破按部就班的工作模式。例如，伴随着现代科技信息技术的飞速发展，高校要把握机遇，开展校园网络文化建设，将意识形态工作与信息技术结合起来，不断拓展意识形态工作的新空间。

（3）坚持主导性与多样性相统一的原则

我国是社会主义国家，所以高校要坚持以马克思主义为指导思想，要坚决批判反马克思主义和反社会主义的不良思潮，这是坚持意识形态工作主导性的重要体现。另外，需要特别注意的是，在实际工作中，高校在坚持马克思主义指导地位的同时，也要对多样化的社会思潮加以引领，要以包容的胸怀去吸收和借鉴世界各国人民创造的有益思想文化成果；引导大学生从理论、历史和现实的角度把握社会思潮存在的根源，全面了解社会思潮的诉求以及其危害性，教导大学生以实事求是的科学态度看待马克思主义，构筑牢固的思想防线，提高判断社会思潮的能力，这样在多样化的社会思潮中大学生才不会轻易被不良思潮所误导。因此，做好高校意识形态工作，必须将意识形态的主导性和多样性有机统一起来，二者不可偏废。

（4）坚持政治性与学术性相统一的原则

高校是进行学术研究的园地，也是意识形态斗争的前沿阵地。高校既要把握意识形态工作的政治性要求，坚决落实党管高校的基本原则，又要坚持学术研究的基本规律，在工作中坚持政治性与学术性相统一的原则。高校意识形态工作具有鲜明的政治性，要严格按照党管高校的要求，抓好管党治党、办学治校的主体责任落实。在教学、科研和管理工作中，高校教师要重点关注国家和社会发展的重大理论和实践问题，积极为党和国家的发展建言献策。高校也必须把握世界科技发展潮流，尊重师生的创造性思想，坚持学术研究的一般规律，防止意识形态泛化倾向。校园内的各类学术活动、学术研讨会也是思想观念交流传播的重要渠道，高校相关职能部门要坚持严格审批，对学术交流内容进行严格预审把关。另外，对于广大师生的科研成果和学术成果，高校也要严格把关，不仅要给广大师生学术自由，而且也要加强学术规范。无论是中外师生的合作研究成果，还是国外留学生的科研成果，高校都要对这些研究成果负责，起到认真监督和检查的作用，要把握其政治方向和价值导向。

2. 加强理论教育，提高意识形态凝聚力建设质量

新时代高校唯有加强理论教育，筑牢思想根基，高质量抓好广大师生的思想政治教育，才能有效发挥党的科学理论的积极作用，切实让主流意识形态"硬"起来，使我国高等教育在科学的轨道上向前推进，实现价值凝聚。

（1）坚持马克思主义在高校意识形态领域的指导地位

"坚持马克思主义在意识形态领域指导地位的根本制度"是凝聚党心、民心的必然要求，是加强意识形态领导权的根本保障。高校是意识形态工作的独特战线，之所以具有这样的独特性、不可替代性，就意识形态工作来说，就在于它一旦出现了问题，就是全局性的，就是致命的。基于此，高校必须深入贯彻党的教育方针，"举好旗、走好路"，用马克思主义理论武装教育师生，着力提升大学生的思想认同、政治认同和情感认同，不断巩固马克思主义在高校意识形态领域的指导地位。

当前，我国高等教育发展形态面临深刻变革，面临更加严峻的风险挑战，意识形态领域的斗争更加尖锐复杂，我们要更加自觉地坚定"指导我们思想的理论基础是马克思列宁主义"，用发展着的马克思主义指导新时期的高校意识形态工作实践。马克思主义在高校的地位，是考量其办学政治方向是否出现偏差、意识形态工作是否落实到位的重要指标。因此，加强意识形态凝聚力建设，必须始终

坚持马克思主义的指导地位，既是为广大大学生成长成才奠定科学思想基础、打好人生底色的必然要求，也是推进意识形态工作理论创新、建设高等教育强国的重要内容和内在需要。

（2）坚持把理想信念教育作为首要任务

"革命理想高于天"，这是革命先辈们留给中华儿女的至理名言，蕴含着丰富的精神内涵。进入新时代，"理想信念高于天"，高校必须坚持把理想信念教育作为首要任务，这是由理想信念在大学生思想政治素质、"三观"形成过程中的重要地位决定的，是由理想信念在社会发展和人生实践中的重要作用决定的，也是由当前大学生理想信念的现实状况和需要所决定的。

高校要做好大学生精神"补钙""固钙"工作，最为根本和关键的是引导大学生将个人梦想与中国梦相结合，坚定中国特色社会主义共同理想，胸怀共产主义远大理想。要想做好这一首要任务，将其常态化、制度化，高校可以从以下几个方面着手：一是"进教材"，在传承与创新中高标准、高要求抓好教材的编写和建设，为理想信念教育提供坚实的理论支撑，充分发挥重要平台和有效载体的作用。二是"进课堂"，用好课堂教学这个主渠道，要使第一课堂（教学）和第二课堂（实践）相融合，对不同的课程进行分类，厘清各自的功能定位，实现"思想政治课程"与"课程思想政治"同向同行，把理想信念教育贯穿于人才培养体系。三是"进头脑"，这既是教育教学过程中的根本环节，也是理想信念教育的最终目标追求。教师要善于洞察学生的模糊认识和思想困惑，注重灵活性和针对性，引导广大大学生对主流意识形态自觉接收、接受、认同，并内化于心、外践于行，表现于日常生活学习之中。

（3）坚持把培育和践行社会主义核心价值观作为主要抓手

核心价值观，承载着一个民族、一个国家的精神追求，体现着一个社会评判是非曲直的价值标准。培育和践行社会主义核心价值观，是我们党顺应时代潮流的价值选择，是凝魂聚气、强基固本的基础工程、战略工程，对于实现中华民族伟大复兴的中国梦具有积极的重要的现实意义。社会主义核心价值观是全国各族人民的"最大公约数"，它既是一种反映人们普遍愿望和共同追求的价值理想，也是一种展现中华民族传统美德的道德规范，同时还是一种广泛凝聚社会价值共识的理论形态。新时代高校意识形态凝聚力建设要坚持将其作为主要抓手，精准施策、精准发力，把广大师生的意志和力量凝聚起来，实现价值引领，全面落实立德树人的根本任务。当然，把核心价值观内容和要求贯穿到意识形态工作之中、融入教育教学全过程，需要有计划、有步骤地进行。

首先，正人必先正己。高校领导班子和全体教师，特别是意识形态工作队伍成员必须提高政治站位，统一思想认识，从理论上、学理上真正弄懂社会主义核心价值观。

其次，将社会主义核心价值观融入学校教育的方方面面，使其制度化、常态化。特别是在学校治理中，要重视普遍性制度设计，以社会主义核心价值观作为学校各项规章制度的价值遵循，用体制机制来保障学生正确价值观的形成。

最后，将促进学生全面发展、健康成长成才作为培育和践行社会主义核心价值观的落脚点。教师要树立良好的师表形象，以身作则、率先垂范，善于通过教育艺术将核心价值观融入日常教育教学实践之中，让大学生在教育引导、文化熏陶中认同和接受核心价值观，并外化为自觉行动，实现全面健康发展。

3.创新高校意识形态工作方式方法

创新方式方法是提升高校意识形态工作水平的重要保证，在中国特色社会主义进入新时代、新媒体信息技术迅猛发展的大背景下，做好高校意识形态工作，就必须适应新形势、立足新实践、开拓新方式、创造新方法。

（1）开拓高校意识形态工作新媒体平台

高校意识形态工作者要精准把握时代脉搏，紧跟新时代媒体技术发展走向，大力构建新媒体意识形态教育平台，积极利用新媒体平台创新高校意识形态工作。中央下发文件指出，要着力培育一批网络名师，开办一批网络名站名栏，打造示范性网站和网络互动社区，推进辅导员、思想政治课教师博客、校园微信公众号等网络新媒体建设，进一步强调了构建高校意识形态工作和思想政治教育新媒体平台的重要性，为高校意识形态工作提供了指导性意见和新的工作思路。因此，高校要着力构建校园新媒体矩阵，将融媒体思维与意识形态建设相结合，以优质内容实现价值引领和知识传递，实现内容育人和平台育人，为高校意识形态教育与工作实践提供技术与平台支撑。

①要完善校园意识形态教育主题网站建设。网站是高校意识形态教育的重要平台，特色鲜明的意识形态教育主题网站，能够融合各类思想政治资源，合力推进高校意识形态工作的创新发展。目前，虽然很多高校已经建立了思想政治教育、意识形态教育主题网站，但大部分主题网站建设在设计形式、内容展示、运行管理等方面存在一系列不足，意识形态宣传教育效果不佳。为此，必须切实加强、完善高校意识形态教育主题网站建设，发挥主题网站的思想教育作用。

网站设计要精良美观，具有吸引力。首先，要注重意识形态教育网站设计的一致性。所谓一致性，主要是指网站色彩的一致、结构的一致、导航的一致、背景的一致等。其次，要注重意识形态教育网站设计的多样性。注意运用网站特效等技术功能的尺度，在网站的栏目设置、结构设计、色彩运用等方面注重清新活泼，符合学校自身特点，能够满足本校学生受众的实际需要即可。所谓多样性，是指网站设计的表现形式应该不仅限于简单的文字、图片，应该考虑使用视频、音频、文字、图片等形式的融合表现手法，使网站表现形式更加多样化。

网站内容要坚持方向性、思想性、针对性。意识形态教育主题网站的内容建设，是要展现网络意识形态建设要做什么，以及利用哪些理论和知识来教育学生、引导学生的问题。内容是主题教育网站性质的体现，同时也是网站实现其基本导向和教育功能的重要保证。可以这样说，内容建设是网站建设的灵魂所在，在意识形态教育主题网站建设中处于核心地位。

②要充分利用微信打造高效教育交流模式。近年来，微信作为一个多功能的社交平台，在各类新媒体交流工具中一枝独秀，受到广大民众尤其是大学生的青睐，几乎成为人们生活的必需品。从紧跟时代步伐，着眼现实需要来看，高校意识形态工作需充分发挥微信的强大影响力，与青年学子步调一致，充分利用好微信这一平台做好大学生意识形态教育工作。

利用微信促进彼此沟通。很多学生对于教师有一种天然的"恐惧"心理，在学习生活中"抗拒"与教师进行单独面对面的交流，这样就使得师生之间的沟通出现了障碍，辅导员、思想政治课教师等在与学生谈话的过程中，希望通过面对面的方式交流了解学生的思想动态，对学生进行思想政治教育，但有时效果却不尽如人意。因此，高校意识形态教育工作者要善于利用网络新媒体与学生进行交流。微信能够使师生在轻松、自由的氛围中沟通交流，促使学生能够袒露内心真实的想法，更加容易产生认同感。另外，学生经常会把自己的学习、生活日常和所思所想"晒"到微信朋友圈，成为另外一种形式的自我展示，这对于高校意识形态工作者，尤其是学生辅导员的工作来说非常重要，可以通过对学生微信朋友圈的关注进一步掌握学生的日常行为和思想动态，及时掌握异常情况和平时不易察觉的问题，有针对性地开展教育引导工作。

利用微信群开展高效的教育交流。首先，微信群可以摆脱时间、空间的限制，及时发布学校、班级各种关于教学科研、评奖评优、文体活动等方面的信息，提高沟通交流的效率。其次，微信群也是学生班级体的另外一种网络虚拟存在方式，可以进行良好、高效的交流互动，微信群里的每个成员可以随时就某个问题发言，表达自己的观点，不仅可以活跃班级的氛围，增进同学之间的友情，而且可以增强学生的集体主义感和社会责任感。教师可以通过群成员的发言，及时了解学生的思想动态，随时参与讨论，引导并纠正一些负面情绪或错误观点，传播正确的价值观。最后，微信群作为一种新的学习交流平台，群成员可以随时随地上传各类学习资料。高校意识形态工作者可以将国家的大政方针等内容发到群中，组织班级学生学习和讨论，发表自己的学习感受，以达到主流意识形态宣传教育的效果。

（2）创新高校马克思主义理论教育教学模式

马克思主义理论教育是高校落实立德树人根本任务的关键环节，在意识形态工作中发挥不可替代的作用。党的十九大以来，以习近平同志为核心的党中央高度重视高校马克思主义理论教育，特别是思想政治课建设，做出一系列重大决策部署。他强调，思想政治课建设只能加强、不能削弱，高校必须切实增强办好思想政治课的信心，全面提高思想政治课的质量和水平。新媒体视域下，由于社会环境与高校环境的变化，大学生的思想状况呈现出一些新特点、新变化，高校马克思主义理论教育必须顺应时代潮流，深化教育改革，积极运用新媒体手段，大力提高教学效果，努力提高大学生的思想政治素质，服务于大学生的成长成才。

第三节　新时代思想政治教育队伍重塑

一、新时代对思想政治教育者的要求

中国特色社会主义进入了新时代，新时代意味着新的飞跃、新的格局、新的气象，新使命指明高校思想政治教育的新要求，新思想确立了高校思想政治教育新的发展方向。显而易见，这个新时代具有新的任务，一方面为高校思想政治教育实践指明了新路向，另一方面对高校思想政治教育者的素质提出新的发展要求。

（一）坚定的理想信念

坚定的理想信念是中国特色社会主义新时代对高校思想政治教育者提出的政治要求。高校思想政治教育是一门具有强烈意识形态属性的学科，这个学科的最终目标就是通过马克思主义科学理论的传播，帮助大学生确立对马克思主义、共产主义远大理想和中国特色社会主义共同理想的坚定信仰。而高校思想政治教育者是马克思主义科学理论的传道者，其根本职责就是要对大学生宣讲马克思主义科学理论，宣传中国共产党的基本路线和各项方针政策以及中国特色社会主义建设取得的卓越成就。作为高校思想政治教育的传道者，如果没有理想信念或者是理想信念不坚定，那么在政治上必然是不合格的。政治上不合格的人，其政治立场必然就会模糊，政治态度就会含糊。这不仅影响大学生理想信念的培养，而且将直接威胁高校的社会主义办学方向。因此，在新时代，理想信念是高校思想政治教育者的精神之钙。高校思想政治教育者只有坚定中国特色社会主义的共同理想，坚定共产主义的远大理想，做一个坚定的共产主义信仰者，才能不辱使命，真正担负起培养时代新人的重要职责。

（二）深厚的家国情怀

显然，家国情怀是一种爱国与爱家相融合，个人利益与国家利益相统一的深厚情感。对于中华儿女而言，这种深厚的家国情怀由来已久。从"先天下之忧而忧，后天下之乐而乐"的责任担当，到"天下兴亡，匹夫有责"的豪迈誓言，无数仁人志士为之奋斗不止，甚至牺牲生命也在所不辞。所以说，中华民族所追求的这种家国情怀早已融进了中国人的血液之中，沉淀为一种内在品格，也发展成为中华优秀传统文化宝贵的精神财富。"教育是一门'仁而爱人'的事业"，作为家国情怀重要的传递者，高校思想政治教育者必须具有家国情怀。有情怀的思想政治教育者对国家有着浓浓之情，对民族有着拳拳之心，他们在课堂上能够以情感人、以情动人，从而影响所教学生一生的事业追求和政治志向。所以说，如果没有深厚的家国情怀，高校思想政治教育者既无法感召学生、指引学生，也无法完成立德树人的根本任务。正因为如此，党的十九大以来，习近平总书记反复强调家国情怀的重要性，并对教育工作者培育家国情怀提出了一系列要求。他要求高校思想政治教育者不能只做传授书本知识的教书匠，而是要做大先生。好教师心中要有国家和民族，要明确意识到肩负的国家使命和社会责任。思想政治课教师情怀要深，保持家国情怀，心里装着国家和民族，在党和人民的伟大实践中关注时代、关注社会，汲取养分、丰富思想。实际上，这既对高校思想政治教育者提出了明确的情感要求，也确定了高校思想政治教育者素质发展的方向。

（三）创新的思维能力

创新的思维能力是中国特色社会主义新时代对高校思想政治教育者提出的思维要求。创新的思维能力是对常规思维的突破，就是要跳出陈旧的条条框框，超越过时的陈规旧习，善于因时制宜、开拓创新。当今时代，任何一个国家都强调发展是第一要务，创新是第一动力。各个国家之间在人才上的竞争，实质上就是在人的创新能力上的竞争。人的创新能力已经成为国家竞争的核心，成为民族进步的灵魂。

建设中国特色社会主义是一项创造性事业，没有现成的经验可以借鉴，而且社会主义现代化建设也进入了一个关键时期，只有全国人民都具有创新的能力，坚持不断地创新，才能克服艰难险阻，建设好中国特色社会主义，实现中华民族的伟大复兴。青年群体是祖国的未来，是中华民族的希望。要夺取建设中国特色社会主义的伟大胜利，要实现中华民族的伟大复兴，青年一代必须具备创新思维，具有较强的创新能力。我国高校担负着培养创新型人才的重要使命，而高校创新型人才的培养离不开高校思想政治教育的实施，更离不开高校思想政治教育者作用的发挥。显然，高校思想政治教育者有没有创新的思维能力，以及思维能力水平如何，不仅影响着高校思想政治教育工作能否实现创新发展，而且影响着大学生创新能力能否得到全面的培养。尤其在当今知识更新速度不断加快、科学技术日新月异的新时代，高校思想政治教育要跟上时代发展的步伐，就要求高校思想政治教育者不断加强学习，更新观念，提高自己的创新能力。只有这样，才能打破常规，不断创新思想政治教育的内容、方法、机制，探索出新型的思想政治教育模式，使高校思想政治教育永远保持着鲜活的生命力。所以，高校思想政治教育者要切实掌握党的创新理论，把创新理论及时地应用到高校思想政治教育实践中去。在改革思想政治教育的过程中，培养大学生的创新能力，让高校思想政治教育成为大学生终身受益的课程。

（四）高尚的人格魅力

高尚的人格魅力是中国特色社会主义新时代对高校思想政治教育者提出的师德要求。从字面上理解，人格指的就是做人的一种资格，或人之为人的基本格式和基本标准。由于人格是一种价值存在形式，所以人格价值中蕴含着一种巨大的力量，这就是所谓的人格魅力。正因为如此，高尚的人格总会受到人们普遍的尊崇和效法，它不知不觉地影响着人们的价值追求和行为方式，是一种无形的力量，具有强大的感染力。高校思想政治教育者承担着培育社会主义核心价值观的新任务，他们既是社会主义核心价值观的践行者，也是社会主义核心价值观的责任人，这就要求他们必须具有高尚的道德人格。高校思想政治教育者只有具备高尚的道德人格，才能通过自身行为潜移默化地感染和影响大学生，从而使大学生产生强烈的情感认同，真正将社会主义核心价值观落实到日常行为之中。

二、新时代思想政治教育队伍的重塑策略

（一）培育思想政治课教师队伍的核心素养

高校思想政治课教师的自觉追求是核心素养培育的内源驱动。外因通过内因起作用，只有思想政治课教师主动自觉地完善自身，才能推动实现核心素养的应然预设向现实转化。高校思想政治课教师是核心素养培育实践的主体，其主观能动性的积极发挥是核心素养培育实践展开的重要基础和前提。为此，高校思想政治课教师要积极强化自觉培育核心素养的思想意识，在观念上实现"我想做"。在此基础上，高校思想政治课教师要加强修炼，主动促使自己提升专业业务能力，在内在条件上实现"我有能力做"。

1. 提升育人影响力

时代是思想之母，实践是理论之源。以专业业务能力为支撑，高校思想政治课教师核心素养培育的自觉意识要通过其自身的言行落地生根。高校思想政治课教师勤于躬行，在实践中强化核心素养，可从以下几个方面展开实践。

第一，高校思想政治课教师核心素养的自主培育实践要以提升实际效果为目标。如何提升自我培育实践的实际效果，最主要的就是摒弃形式主义。形式主义抛弃内容决定形式，形式为内容服务的基本原则，必然会使核心素养的培育实践无法取得应有的效果。当前，高校思想政治课教师核心素养培育实践中存在形式主义。要改变这种情况，必须做到以下三点。一是端正开展自我培育实践的动机。高校思想政治课教师进行自主培育实践的重要目的就是促进自身核心素养的提升，实现自我完善。如果离开了这一目的，就必须予以纠正。二是自我培育实践要"接地气"。高校思想政治课教师要深入一线教学、深入社会基层、深入大学生群体中去，全面了解，接受锻炼，锤炼自身的政治信仰与德行品质，增长新的知识，通过这种接地气的培育实践促进自身核心素养的提升。三是促进创造性超越。教师要实实在在地对标模范标杆进行反思，在反思改进中不断实现自我超越，形成教师个体主动反思、自觉提升的良好循环，促成新一轮并更高一层次的自主培育实践。

第二，高校思想政治课教师要坚持务实力行。高校思想政治课教师提高核心素养要做到学用贯通，知行统一，这也是核心素养生成的内在逻辑。其中，学与知是前提，用与行是目的，高校思想政治课教师核心素养培育的根本指向在于践行。这要求高校思想政治课教师做"起而行之"的行动派，坚持在实践中践行核心素养，增强自身育人的感染力、吸引力和影响力。一方面，高校思想政治课

教师要在常学常新中强化自身的核心素养，要主动学懂弄透党和国家对思想政治课教师队伍建设的重要政策文件，尤其是其中关于高校思想政治课教师素养、能力等方面的规定；还要经常研习马克思主义著作和其他自然科学及社会学科理论等，在常学常新中不断提高自身的政治素养、业务素养和德行素养。另一方面，高校思想政治课教师要以严格的要求规范自身的日常言行。教师要在日常生活中时刻警醒自己，意识到自我的言行举止不仅是个人素养的外在显露，更是代表着整个高校思想政治课教师队伍的群体风貌和综合素养。因此，高校思想政治课教师要在日常生活中严格规范约束自己的行为举止，做到在课上课下言行一致，表里一致。

第三，高校思想政治课教师要积极利用好思想政治课堂、社会课堂和网络课堂，为大学生做好表率。思想政治课堂、社会课堂和网络课堂作为高校思想政治课教师践行核心素养的重要载体，其重要意义不言而喻。这要求高校思想政治课教师既要在教学中率先提升自身的核心素养，又要积极投身社会生活大课堂，积极参与社会事务，担当起作为公民和思想政治课教师应担当的社会责任，更要主动投身到网络中去，拓展网络思想政治教育课堂。当代大学生是网络上的活跃主体，大学生在哪里，我们的思想政治课就应该在哪里，我们的思想政治课教师就应该在哪里。为此，高校思想政治课教师要主动将自己的培育实践延展到网络上。在直面回应、批驳网上的各种错误社会思潮和不良思潮的过程中回应大学生，以透彻的学理分析为他们解疑释惑。通过思想政治课堂、社会课堂和网络课堂的积极有效实践，高校思想政治课教师可以在进一步理解核心素养内涵和重要性的同时促进自身核心素养培育的自觉意识提升和实践行为展开。

2. 强化核心素养培育意识

高校思想政治课教师提升自觉性以强化核心素养培育实践是优化自身核心素养的前提。核心素养培育的自觉意识是指教师对自身核心素养提升的主动追求。只有这种自觉意识不断强化，良好核心素养的建构实践才会顺利进行。强化高校思想政治课教师核心素养培育意识，可从如下路径入手。

第一，高校思想政治课教师要充分认识到自身的使命感、责任感和荣誉感，认识到自身是完成铸魂育人重要使命，落实立德树人根本任务的关键主体。既要深刻认识到自身是核心素养培育的主体存在，在核心素养培育实践中处于主体地位，是核心素养培育这一对象性活动的发动者；又要意识到自身肩负"学生锤炼品格的引路人、学习知识的引路人、创新思维的引路人和学生奉献祖国的引路人"

的重要责任，增强自身的职业自信和荣誉感，切实做好对学生的思想引领和价值引导，从而激发起自我完善的自觉性和能动性，自觉注重自身政治素养、业务素养和德行素养的优化提升。

第二，高校思想政治课教师要经常进行核心素养反思。高校思想政治课教师进行核心素养反思是循序渐进的过程，贯穿于整个核心素养培育实践的过程中。这要求教师不断反思，发现自身存在的问题并分析问题产生的原因，对此加以解决。在进行核心素养培育实践前，高校思想政治课教师要反思过去类似的或相关的活动和经验，在这一基础上计划和指导即将要进行的素养培育实践。在进行核心素养培育实践的过程中，高校思想政治课教师的反思要求对正在开展的培育活动进行管控和调节，确保培育活动的顺利进行。在进行核心素养培育实践后，高校思想政治课教师要全面回顾过去，评价培育结果，总结经验教训，并采取相应的优化提升或补救措施，为进一步提升自身的核心素养打下基础。

第三，高校思想政治课教师要自觉向榜样模范人物学习。自古以来，我国就十分重视榜样教育。当前，榜样教育也是进行思想政治教育不可或缺的重要方式之一。高校思想政治课教师自觉向榜样人物学习要求其通过多种手段、渠道获取思想政治课教师榜样信息，以优秀的思想政治课教师为榜样，自觉学习他们的优秀道德品质。同时，对标核心素养模范典型，反思、剖解自己的政治素养、业务素养和德行素养存在哪些欠缺和不足，及时补齐短板，向典型靠拢。

3. 提升思想政治课教师的媒介素养

（1）提高分析判断能力

提高分析判断能力是高校思想政治课教师提升自身媒介素养的核心内容之一。教师在接受网络信息时，总是以自己先入为主的知识为基础，面对媒介所展现出来的信息，会因为原有的知识积累、知识结构、价值观、道德观、家庭教育背景等方面的影响，产生不同的认知。在现在的媒介背景之下，教师除了有"技术专长"外，还要求能够适应复杂的媒介环境。

高校思想政治教育的目标之一是培育具有正确价值观的学生群体。在全媒体时代，高校学生能从媒介中接触各类信息，并且具有一定的评判力，但是，由于社会经验有限，其在接触媒介信息的过程中，容易受到不良信息的诱导。为此，教师应坚持媒介育人的长期性和持续性，要尊重学生的主体地位，面对学生思想动态的变化，不断地、持久性地进行教育，如此才能使大学生正确看待媒介信息。教师只有牢固树立对媒介教育的认识，理解媒介教育的性质、内容和方向，才能实现帮助学生提高政治素养的目标。

总之，教师需要在日常生活中，对传播的媒介信息做出正确的认知和独立的判断。面对不良信息要保持清晰理智的态度，并将具有正能量的信息积极应用于教育中。

（2）以社会主义核心价值观规范媒介道德行为

首先，教师要规范自身的行为，注重自我言行的榜样作用。只有具备良好的媒介道德操守，才能树立正确的价值观，增强认识文化、选择文化的能力。在媒介环境中，教师要想正确育人，帮助学生坚持正确的道德行为，就必须首先保证自身的行为符合要求，确保自身的网络行为符合法律、法规和社会道德的要求，要提升自身对于不真实消息的辨识能力，不能散布不实消息，不能发表不良言论。

其次，教师要用自身言行引导学生正确使用媒介。教师要引导学生形成正确的价值观，价值观是实践行为的灵魂，也是实践行动的导引。在高校思想政治教育过程中，教师要用符合社会主义核心价值观的行为引导学生，为学生树立行为榜样。

（二）夯实思想政治课教师队伍的专业内功

高校思想政治课教师队伍建设需要整合多方力量，采取多样化措施，但是提高思想政治课教学质量和高等教育水平，最重要的还是发挥思想政治课教师自身的主观能动性。通过教师自觉主动地学习和专业培训来提升专业素养和业务水平，形成高素质创新型的思想政治课教师队伍。

1. 以主动学习提升思想政治课教师的专业素养

教师承担着为党育人、为国育才的重要任务，必须具备过硬的专业素养，自觉形成坚定的专业认同、具备精深的教学知识、培养扎实的科研能力，夯实思想政治课教师队伍的内功。

（1）形成坚定的专业认同

专业认同一般指在自己所从事的专业工作中扮演角色的认知，能够理解专业的价值和意义，认可和接受该专业，同时能够进行深层次的专业反思、理解和追问。思想政治课教师一是要树立学科信念，坚定认同并彻底接受马克思主义理论，深刻理解其丰富内涵和现实意义，增强学科的认同感和归属感，只有这样才能更好地将其运用到思想政治课教学实践中去；二是要明确自己所扮演的专业角色，承担党和国家赋予思想政治课教师的铸魂育人的使命，成为坚定的马克思主义者，党的理论、政策、路线等的宣传者和践行者以及学生思想和行为的引领者；三是要在教育实践中构建和发展自身的专业认同，如参与社会服务将专业知识运用到现实社会，参加马克思主义和中国特色社会主义理论的宣讲活动，进一步彰显专业的社会价值。

（2）具备精深的教学知识

作为从事高校育人工作的关键力量，系统全面的知识结构是思想政治课教师的立身之本，因此思想政治课教师要具备精深的教学知识。一是学科本体性知识，即马克思主义理论、中国特色社会主义理论体系、专业领域的基础知识等，只有具备扎实的专业基础，才能够有理有据、深入浅出地讲好思想政治课。二是条件性知识，即关于"如何教"的知识，根据学生的专业、特点和需求，运用贴切的方式方法，"将马克思主义话语从理论性、政治性的话语形态转化为学生能感知和理解的知识"。同时注重教学的多元化，根据授课内容适当进行学科交叉结合，融入如教育学、心理学、社会学等专业知识。三是实践性知识，思想政治课教师在积累了一定的教学经验后，对课堂的掌握度越来越好，能够充分运用教学机制，结合教学内容和目标要求的需要随时变换方式，将有意义的思想政治课讲得更加有意思，同时将思想政治课小课堂拓展到社会大课堂，将理论与实践有机结合。

（3）培养扎实的科研能力

思想政治课教师的科研能力在一定程度上反映其综合素质，优秀的思想政治课教师往往能够兼顾教学和科研，实现教学和科研的相互促进，因此思想政治课教师自身应该自觉主动地开展科学研究。一是学会敏锐地捕捉教学现象、教学情境、教学疑难点，以问题意识发现值得研究的课题，提出有效的解决对策，并将相应的科研成果用于指导教学过程。二是学习学科领域的前沿知识，拓宽科研视野，主动申报和参与高质量科研项目，在点滴中积累，积极争取将学术成果发表在高质量期刊上。三是提升科研能力，做到以教学促科研，以科研助教学。

2. 以专业培训提升思想政治课教师的业务水平

思想政治课教师作为立德树人根本课程的主导者，是影响教学质量和成效的重要因素，在一定程度上，教师的质量决定教学的质量。因此，推动高校思想政治课教师队伍建设必须重视培训工作，不断改革和完善培训方式，建立国家、地方和高校三级培训体系，对培训时间和地点、培训形式和培训内容进行优化，以提高思想政治课教师队伍的专业能力和综合素质。

（1）打破培训的时间和空间限制

对思想政治课教师队伍的培训不应局限于固定时间、固定地点，要突破时空的限制，使思想政治课教师能够灵活选择培训的时间和方式。一是职前职后一体。对思想政治课教师的培训不仅仅局限于进入岗位之后开展一系列活动，在入职之前就对新教师做好岗前培训，提前将学校情况、学院要求、教学安排等告知教师，使教师做好社会化准备。入职之后定期或不定期地进行培训，并形成常态化的制度。如高校教师分为入职前期、初期、一年内、一年后四个阶段进行针对性培训，并提供必要资源予以支持。二是线上线下同步。除了常规的名师讲堂、专家讲座等面对面培训以外，要充分利用网络平台，推动信息技术与教师培训相结合，避免教师因时间、地点冲突而影响培训效果。三是校内校外兼顾。除系统的、持续的校内培训外，还要支持教师走出学校，到其他院校观摩、研修与学习，甚至参与社会实践、社会调研等活动。四是国内国外畅通。有必要组织教师参与国内交流活动，选派优秀教师走出国门进行访学，拓宽思想政治课教师的视野，推动国内外教师的双向交流。

（2）运用多样的培训形式

随着时代的发展，思想政治课教师队伍的培训形式需要优化和丰富。一是参与岗前培训、专题轮训、教学观摩、集体备课等，搭建思想政治课教师的交流和学习平台，邀请专家学者进行讲学、指导等，提升思想政治课教师的专业能力，其中重点关注青年教师的成长发展，积极回应教师的需求。在培训之余，为新入职或转岗教师配备有经验的成熟教师，加强院系、教研室等共同体的建设，充分发挥传帮带作用，通过"一对一"或者"一对多"帮扶，带动教师快速成长。二是鼓励教师参与骨干研修、社会调研、志愿服务、访学交流以及挂职锻炼等实践类培训，以教师培训中心、研究基地为依托开展培训，或大力支持思想政治课教师到机关单位、基层组织进行锻炼，有力推动思想政治课教师的理论培训与实践培训相结合，在实践中历练和提升。此外，大力支持思想政治课教师继续攻读硕士、博士学位，尽量满足教师提升学历、增进业务能力的需求。

（三）完善思想政治课教师与辅导员协同育人机制

1.建立思想政治课教师与辅导员协同中心

目前仍然存在部分思想政治课教师与辅导员互不通气、"自扫门前雪"的现象，这是他们所属管理部门不同所致，要突破协同育人的障碍，就必须有专门的协同中心负责、组织思想政治课教师与辅导员协同开展思想政治教育工作。

建立统一领导的组织机构至关重要，有利于统一思想政治课教师与辅导员协同育人的意识，确保协同育人工作落地落实。高校领导作为负责人，协调马克思主义学院、学生工作部及院系团委，建立领导机制。成立协同育人机构，明确思想政治课教师与辅导员的协同育人责任，确保协同育人工作常态化、制度化、规范化。协同育人组织机构主要由组长、副组长和小组成员组成。小组组长邀请学校的领导担任，对协同育人工作负主要责任。众所周知，学校领导的重视与参与不仅可以让大家凝心聚力，而且可以明确协同育人的前进方向。副组长由马克思主义学院和学工部的专门人员构成。小组成员则由校内所有思想政治课教师与辅导员队伍组成，他们是协同育人组织机构的核心人员和执行人员。协同育人工作机构的主要职责要以习近平新时代中国特色社会主义思想为准绳，加强协同育人顶层设计，统筹安排各项任务、积极响应和落实国家有关协同育人的政策，并定期开展有关思想政治课教师与辅导员的培训活动和会议，在会议中协调两支队伍的工作职责，解决协同育人存在的困难和问题，从而明确和压实高校思想政治课教师与辅导员协同育人工作的具体责任，将协同育人具体工作落地、落细、落实，并将可推广的协同育人经验进行总结。

2. 完善思想政治课教师与辅导员激励机制

（1）物质激励和精神激励相结合的机制

物质激励和精神激励结合起来才能发挥其强大的作用。人的需要包括物质需要和精神需要，相应地对高校思想政治课教师与辅导员进行激励，也主要从物质激励和精神激励两个维度展开。物质激励通过给予被激励者物质上的满足，从而调动其积极性、主动性和创造性。学校可以根据思想政治课教师与辅导员在协同育人实效性提升过程中的工作态度、工作成效以及学生的满意度等方面进行评分，对表现突出者可以给他们发放奖金和福利。通过实际的物质激励方式可以使思想政治课教师与辅导员大受鼓舞，同时让他们深刻明白一分耕耘一分收获。物质激励可以满足思想政治课教师与辅导员的基本生活需求，但仅有物质激励还无法满足他们的获得感和成就感，故而，还需要辅以必要的精神激励。对思想政治课教师与辅导员的精神激励，可以通过评选协同育人优秀个人、颁发荣誉证书的方式来激励。运用这种方式可以充分调动思想政治课教师与辅导员在教学、管理、服务等方面进行深度协同的积极情绪，从而实现自我价值。除此之外，对协同育人工作中有突出表现的思想政治课教师与辅导员进行表彰，并加大协同育人优秀工作者的宣传力度，为其他教师提供学习的榜样。

（2）主体激励与客体激励相配合的机制

思想政治教育是一个双向互动的过程，因而激励机制的设计和完善不仅要考虑教育主体，而且还需将教育客体也考虑在内，实施主体激励与客体激励相配合的机制。试想，如果只对思想政治课教师与辅导员队伍进行激励，思想政治课教师与辅导员协同育人的积极性提高了，而学生不配合、不接受，那思想政治课教师与辅导员协同育人的实效性要想提升是很困难的。若只激励学生，思想政治课教师与辅导员的积极性没有调动起来，那么协同育人实效性也会大打折扣。所以，在推行激励机制的过程中，要重视将两支队伍和学生的激励相结合。

①完善教育主体的激励机制。其一，激励机制要始终坚持以"协同育人"为导向，确保激励机制的科学性和可操作性，将协同育人目标的实现作为其出发点和落脚点。将思想政治课教师与辅导员在育人工作中的互动、分享工作经验等作为激励内容，激发协同育人意识。其二，增强激励机制的针对性。如果对思想政治课教师与辅导员的激励缺乏针对性，就无法做到"对症下药"，不能满足他们的切实需求，甚至会导致资源浪费。思想政治课教师与辅导员的实际需求是激励的着眼点，只有抓住他们的实际需求，根据不同需求采用不同的激励方法，才能发挥真正的激励作用。因此，高校要了解思想政治课教师与辅导员的真实需求，真正做到奖人所需，并且要调查思想政治课教师与辅导员对于激励方案的认同程度，考察他们的工作态度和育人效果能否与激励方案相匹配，可根据他们的意见对方案进行调整。

②完善教育客体的激励机制。其一，激励学生参加思想政治课教师与辅导员共同组织的教育实践活动，如朗诵比赛、辩论赛、演讲比赛、志愿服务活动等，可以将学生参加活动的次数作为评选奖学金和助学金、推优入党的重要依据，这样便会极大地激发学生参与思想政治课教师与辅导员协同育人工作的积极性和主动性。其二，学生的获得感是教师育人的"晴雨表"，学生是思想政治课教师与辅导员协同育人工作的作用对象，学生政治素质、思想水平的提高，可以有效地证明思想政治课教师与辅导员协同育人的工作实效。

3. 健全思想政治课教师与辅导员考评机制

目前，高校对教师的考核评价一般以"教师是否公开发表过论文以及论文的数量、教师是否出版过著作、教师获得过怎样的教学与科研成果等"为标准，以便评价与考核更具有可操作性。但是，要对一个教师进行科学合理的评价与考核，仅仅通过这些指标做出判定是不够的，长此以往，教师的发展必然会出现严重的片面性。因而，健全思想政治课教师与辅导员考评机制，需要避免片面的评价标准，将思想政治课教师与辅导员的思想道德素养、教育教学能力、相互协同配合的参与度、与学生的交流度等作为考核评价标准。良好的考评机制，能够有效检验思想政治课教师与辅导员协同育人的实效性，稳定教师专业队伍。通过考评机制上的动力牵引，努力实现从"我能"到"我愿"的动力升级优化。

（四）优化国家关于思想政治课队伍建设的顶层设计

1. 加强政策支持力度

（1）合理计划，明确要求，让思想政治课教师队伍建设有章可循

2018年1月，《中共中央国务院关于全面深化新时代教师队伍建设改革的意见》对教师队伍建设的原则、目标任务、改革措施提出了明确的要求。要求高校保障教师工资待遇，为教师足额缴纳社会保险和住房公积金，以及保障教师的其他合法权益等。此外，要求高校在教师培训、职务晋升、教龄工龄等方面与公办院校的教师趋近。这对于全体教师来说都是好消息，为高校的教师带来了曙光。2019年8月，中共中央办公厅、国务院办公厅印发《关于深化新时代学校思想政治理论课改革创新的若干意见》，从充实教师队伍、提升综合素质、改革评价机制、完善激励制度、强化后辈培养等方面发力，旨在建设一支政治强、情怀深、思维新、视野广、自律严、人格正的思想政治课教师队伍，为高校思想政治课建设提出了具体可行的目标要求。有了这些具体的培养计划及明确要求，高校思想政治课教师队伍就有据可依、有章可循，进而推动高校思想政治课教师队伍建设科学合理、循序渐进地健康发展。

（2）考虑高校实际，健全监管机制，推动政策落地生效

及时监管，以确保高校教师进修培训能够落实好，为教师发展打通道路，从而开创新的局面。一是要落实监管责任，做到对高校思想政治课教师的权益保障工作"有人来管"；二是要制定科学合理的监管流程，让高校思想政治课教师队伍建设的监管工作"有程序可依"；三是要建立健全问责机制，让高校思想政治课教师的合法权益保护不仅仅是一句空口号，要做到"有规定必须遵从"。

2. 夯实物质保障基础

做好新进教师的选拔聘任工作是提升学校教学质量的一种手段，对于思想政治课教师的聘任更是应该要本着德才兼具的原则，聘任合适的人员担任思想政治课的教师，也只有这样才能够在开展思想政治课教学活动时提升效果，让广大的受教育者感受到思想政治的引领。此外，高校还应该注重创新薪酬体系，通过科学的薪酬体系吸引、激励教师立足本职，做好相关工作。

（1）配套高校思想政治课教师培养提升经费

为进一步稳定思想政治课教师队伍，提升教育主体的职业满意度和收获感，强化教育主体对教育客体的引领力，高校应设立思想政治课教师培养提升专项经费，主要用于思想政治课教师研学、调研、交流等环节。目前，高校思想政治课教师普遍偏向年轻化，青年教师在教育过程中多采用比较新颖的教学案例，授课方式也十分灵活，但是思想政治课是注重内涵式教育模式的，需要青年教师不断拓宽知识面。思想政治课既要有温度也要有深度，既要有广度也要有黏合度，而广泛学习可以有效帮助青年教师集众家之长后为我所用。思想政治课教师培养经费得到保障，可以有效激发广大教师进行学习的热情，也可以调动其积极性，从而形成一种合力，使学校与教师紧密联系在一起，使两者树立教育共同体意识，都秉承以学生为中心的理念，开阔视野，立足本来又能面向未来。

（2）配套高校思想政治课教师科研经费

科技发展是第一生产力，科研工作是思想政治课教师学习提升的重要载体，然而由于高校对科研环境保障不足、科研经费配套不足等因素，高校思想政治课教师的科研能力普遍较弱。呼吁出台提升高校思想政治课教师科研水平的针对性措施，最重要的是合理配套高校思想政治课教师的科研经费。2021年11月，教育部在《高等学校思想政治理论课建设标准（2021年本）》中对高校思想政治课的科研管理工作提出了明确的经费要求：要按规定标准提取，保障思想政治课教师科研专项经费，并且要求专项经费安排使用明确，专款专用。一方面，可通过规范高校科研工作，促使高校通过自身努力缓解思想政治课教师科研经费的难题；另一方面，合理规划财政预算，在制订高校科研工作规划的过程中，适当、合理地增加对高校思想政治课教师科研工作的经费预算。此外，在社科联面向所有高校征集科研项目申报相关制度的制定上，鼓励高校积极参与市级、省级、国家级科研项目申报，进而引导高校及其思想政治课教师更好地发挥教育的社会价值。

3. 营造必要的社会关爱环境

要竭力整合社会各类资源，宣传"尊师重教"的社会环境，营造新时代高校思想政治课教师所需的社会关爱环境，努力提升他们的职业获得感、安全感与幸福感。著名心理学家亚伯拉罕·马斯洛认为，人的需求从"基本"到"高级"分为以下五个层次：生理、安全需求、社交、尊重以及自我实现的需求。当基本的需求得到满足之后，就会对更高一级的需求产生渴望，一直到自我实现需求的实现。思想政治课教师作为万千人类中的一员，他们同样有着需求。"学高为师，身正为范"，高校思想政治课教师大多乐观开朗，对生活充满热情，且善于自我调节。作为思想政治课教师，都希望能通过自己的学识、品德与能力得到学校、学生和家长的认可。

第四章 基于"互联网+"的思想政治教育模式创新

互联网时代，随着信息技术的发展，高校教育教学也逐步展开变革。高校的思想政治教育工作应结合"互联网+"教育模式的优势，积极推进高校思想政治教育工作的创新，提高人才培养的效率。本章分为"互联网+"相关知识链接、"互联网+"带来的思想政治教育新契机、基于"互联网+"的思想政治教育模式创新路径三部分。

第一节 "互联网+"相关知识链接

"互联网+"作为一个新兴概念，在把握和理解其内涵时，既应当准确界定其自身的要素特征，也应当从区别入手，通过厘清"互联网+"时代与非"互联网+"时代的区别，以便对"互联网+"的基本内涵有较为完整的把握。

一、"互联网+"的概念

"互联网+"是一种"经济发展新形态"，要充分把握其内涵，要从其本质和"经济发展新形态"两个方面开展。

首先，从本质上讲，"互联网+"是更高程度的信息化，这种更高程度的信息化可以被简单地理解为"连接一切，万物互联"。相较于传统的互联网，"互联网+"实现了连接对象和连接空间的全面升级，从连接对象上看，基于传感器的普及运用实现了由人与人互联向人与人、人与物的连接；从连接空间上看，通过运用移动终端打破了物理空间屏障，促使万物间的网络连接可以跨越物理屏障，实现连接的随时随地化。这种内在的技术革新促使"互联网+"实现了更高程度的信息驱动，这是"互联网+"区别于传统互联网所实现的新信息化。

其次，"经济发展新形态"是"互联网+"在现代社会当中被赋予的"角色"，这是由于更高、更新的信息驱动为"互联网 +"提供了以信息服务的方式渗透到各行各业，并通过与其他产业相"+"而引领社会生产的新变革、激活更多"信息能源"，从而在社会经济发展上实现产业升级和经济转型发展，这是"互联网 +"被定义为"经济发展新形态"的原因。这种直接作用于生产力升级与发展的特性使得"互联网 +"不仅促进了产业升级与经济转型发展，更促使当前社会形态转变为"智能社会与工业社会并进"的基本形态。

总体来看，"互联网 +"的基本内涵可以这样定义：社会发展的各个领域以更高程度的信息技术为载体，在提升某一社会具体领域发展水平的同时，不断加强社会各领域间的深层联系，在促进跨界融合、业态重构的过程中实现发展效果的优化升级。

二、"互联网 +"的特征

互联网作为一种媒介，其产生与发展使信息的传播进入一个全新的阶段，信息技术的高速发展使得互联网逐渐超越书籍、报纸、电视、广播等传统媒介，成了最大的信息传播媒介。不仅如此，互联网还把之前诸多的媒介进行了吸收和转化，在压缩传统媒介生存空间的同时，也将传统媒介包含的信息以电子书、视频、录音等形式转移到网络空间中。互联网至此已然成为国内外信息交流的最大载体，同时也是各类意识形态相互争夺的主阵地，想要研究互联网时代的主流意识形态教育问题，必须先对互联网的特点有基本的认识和界定。

（一）空间的开放性

开放性是互联网最根本的特性，现代互联网的高速发展很大程度上是建立在开放性的基础上的，开放性是互联网精神的核心。高开放性所造就的传播体系是互联网与传统媒介最大的区别，这使得信息在互联网空间中的流动变得空前自由。

互联网的开放性对高校意识形态教育的影响也有积极和消极之分，互联网的开放性同时意味着极低的信息发布门槛，几乎任何个人和机构都可以在互联网上发布信息，这使得互联网中包含的内容极大丰富。因此，在积极的层面上，开放性以及其衍生出的互联网共享精神使得当代大学生足不出户就可以接触到丰富的理论和思想，进而可以突破课堂和学校在主流意识形态教育中内容丰富性不足的桎梏。但在消极的层面上，互联网本身无法分辨各种信息的性质，信息上传低门槛的特点意味着互联网上一部分信息是无用甚至是有害的，而这些数量众多的良莠不齐的内容中充斥的非主流意识形态内容可能会诱导一部分认识能力和判断能力不强的大学生形成错误的思想观念，进而可能会使其抵触课堂和学校教育中的主流意识形态内容，对主流意识形态教育的有效性产生负面影响。

（二）主体的虚拟性

与现实的物质世界相比，互联网的一个重要的特点就是虚拟性。首先是环境的虚拟性。在互联网这个大环境中存在着无数个虚拟的小环境，如"虚拟社区""虚拟圈子"等，每一个虚拟的小环境都有一套属于自己的规则和运行逻辑。其次是主体的虚拟性。在互联网上人们可以轻易隐藏自己现实生活中的信息，包括客观方面的信息，如性别、年龄、姓名等现实中难以隐藏的信息，以及主观方面的信息，如性格、爱好等。虚拟性在互联网高速发展的当下被发展到了极致，互联网主体在交流中所用到的媒介，即声音、文字、图像，都可以借助特殊技术生成，主体在互联网上交流的对象可能根本不是现实中的人，但却几乎同样可以令人产生真实感，给予一种真实的虚拟情感体验。

互联网的虚拟性同样也可以影响到意识形态教育的实践。一方面，互联网的虚拟性使教育者和受教育者都可以隐藏自身的一部分真实信息，对受教育者而言，可以使其卸下思想包袱畅所欲言，展现自身的真实想法。对教育者来说，这更有利于了解学生真实的思想，使教育者可以根据实际情况调整教育方式和教育内容。另一方面，互联网的虚拟性意味着部分受教育者会利用这种虚拟性选择性表达自身的想法，隐藏真实的思想，使教育者接收到的信息存在片面性，不利于教育者了解受教育者的真实状况。

（三）信息的交互性

传统的媒介如电视、广播、报纸等，这些信息传播媒介有一个相同的特点，即信息是由发布者单方面地向接受者传播的，在这种模式中信息发布者垄断了信息传播的渠道，接受者只能被动接受。与传统媒介的传播方式不同，互联网时代的网络主体身兼信息发布者和接受者两种身份，信息交流中的主体与客体在互联网的传播模式中完成了统一。这种交互性极大地加快了互联网环境中的信息流动速度，信息可以通过"接力棒"的形式迅速传遍互联网的每个角落。

（四）传播的即时性

传统媒介在信息采集、信息筛选、信息发布等方面受到客观因素的显著影响，导致信息传播速度较慢。例如，传统纸媒传播信息需要经过信息采集、编辑、印刷、运输等环节，这些环节耗费了大量的时间，导致信息的传播速度受到巨大的限制。而互联网的信息传播打破了时空的限制。一方面，互联网将文字、图片、视频等信息通过一定的平台发布后，拥有互联网终端的用户就能立刻接收到信息，信息传递的过程中几乎没有延迟。另一方面，随着移动互联网终端的普及，信息的采集到发布这一过程变得极为便捷，事件一旦发生，可以立刻通过拍照、录像、录音等方式完成信息的采集，采集到发布的过程几乎可以做到同步。

（五）内容的海量性

内容的海量性是每个接触互联网的用户最容易感受到的特点之一。传统的信息存储方式有一个显著的缺点即信息的存储密度低，以互联网之外人们最广泛运用的信息存储介质纸张为例，一本五十万字的书进行数字化处理后大概只有1000 KB左右的大小，这对于互联网空间来说几乎是微不足道的。事实上，全世界相当数量的图书馆都已经实现了馆藏图书数字化，图书馆中大量的藏书可以轻易地"搬运"到互联网上，方便读者进行阅读，而这些也不过是互联网内容的冰山一角。如今，人们在互联网空间创作新内容的同时，也不断地将信息以数字化的方式上传到互联网中，互联网空间中的信息呈现海量性的特点。

第二节　"互联网+"带来的思想政治教育新契机

一、"互联网+"丰富了思想政治教育内容

在互联网时代背景下，高校鉴于互联网获取信息资源具有便利性和多样性等特点，丰富了思想政治教育内容。高校在传统思想政治教育工作当中引入了更多的网络资源，也开始看重教育内容的时效性特点，让思想政治教育内容紧紧跟随时代的潮流；突出时代主题，将最新政策和理论作为学校思想政治教育最新内容，围绕中国共产党党史、新中国史、改革开放史、社会主义发展史开展相关教学工作，强化理想信念教育，使广大学生坚定听党话跟党走的思想自觉和行动自觉；挖掘出高校思想政治教育当中一些隐藏着的资源，如图片、视频等，让网络思想政治教育的影响力可以变得更大。互联网本身作为信息沟通和共享平台，对多种资源进行收集和整合，为高校开展思想政治教育工作提供了诸多便利。教育工作者可以直接通过检索的方式得到最新的相关信息，帮助填充教育内容。大学生也可以直接通过查找的方式获得自己喜欢的知识，促进自身素质水平的提升。

"互联网+"技术和高校思想政治教育的融合，不仅实现了形式方面的创新，同时也让思想政治教育的内容变得更加多样化和丰富，并且以互联网新科技记录

教育内容，使得新时代的高校思想政治教育有迹可循，提高其可复制度，从而提高高校思想政治教育的整体水平。

二、"互联网 +"思想政治教育发展态势良好

在互联网的基础技术支持下，高校思想政治教育的发展速度与质量显著提高，主要体现在以下两个方面。

第一，互联网使思想政治教育资源的共享与积累成为可能。由于互联网及其依托的计算机网络具有强大的记录与分享功能，从互联网出现并发展至今，网络上的信息由少至多，信息门类由单一到丰富，因此，在网络的基础设施支持下，师生能享受到更丰富的思想政治教育资源。而互联网技术的应用，也催生了内容更精彩、形式更丰富的思想政治教育课程以及网站，如慕课等，不仅具备完备的课程，还具备线上和线下双向交流的特点，学生能够结合自己的实际情况，安排自身的学习进度和计划。

第二，互联网技术迅速发展，促进高校思想政治教育创新发展。传统的高校思想政治教育模式已不适应时代发展的具体要求，对此高校要继续以思路、师资、教材、教法、机制、环境六方面创优为抓手，创新方法，狠抓落实。目前，我国也有一些高校建立了思想政治教育主题红色网站。高校思想政治教育工作者也更愿意采用多样化的教育形式，如通过网上视频、在线互动以及网络贴吧等方式吸引更多的学生关注到这一网站。线下数据体现具体行为，更加具象和直观，而线上数据则更多地体现学生的思想和意识，较为抽象和宏观，应该充分考虑两种数据的不同特点，将两种数据有机融合起来，这样才能更好地发挥大数据的功能和实效。大学生通过网络学习，可以更加自由地学习思想政治教育的内容，可选择的学习内容更加广泛。网络通过更多样化的方式呈现教学内容，不仅增强了内容的感染力，也丰富了思想政治教育的形式。这不仅能够有效改变之前枯燥乏味的理论教学模式，而且能够激发大学生的学习热情。

三、"互联网 +"激发了思想政治教育主客体的创新能力

一方面，由于互联网具有隐匿性的特点，因此网络受众处于一个相对独立的世界，极大程度地实现了言论自由。在拥有海量信息资源的互联网世界中，思想政治教育可以以多样化的方式进行传播，这样不仅可以激发思想政治教育主客体的想象力，而且可以使受教育者以更舒适的方式接受思想政治教育，更容易改变受教育者的思想认知。在进行思想政治教育的过程中，主客体充分激发想象力、

创造力，在交流的过程中不断碰撞出思维的火花，进一步提升了思想政治教育的话语权。

另一方面，受传统的高校思想政治教育方式的影响，学生从小被灌输以教师为主的思想。在传统的教育背景下，学生通过书本、课堂以及教师口头传授的方式获得思想政治教育知识具有明显的局限性，以教师权威为主导的课堂模式使学生的认知能力和创新思维受到限制。如今思想政治教育话语的传播载体延伸到了网络平台中，扩大了思想政治教育的发展空间，高校学生可以通过QQ、微信等平台发表自己的言论，大大改变了交流方式，另外，网络的虚拟性特点使得学生更加真实地表达自己的想法。

四、"互联网+"丰富了思想政治教育形式

信息共享性是互联网技术的关键特点，将"互联网+"和思想政治教育工作融合起来，可以让思想政治教育工作者对不同方面的教育信息进行及时了解。而互联网的即时性、不间断性使得信息共享可以随时进行，思想政治课教师的课程发布和学生的学习不必同时进行也能实现较好的教学效果与师生沟通。采用微信、QQ和学校网站等方式和学生开展沟通交流，打破教育过程时间和空间方面的限制。这有利于教师更好地利用互联网开展思想政治教育相关课程，从网络集体备课到教师专家在线研讨，再到共享优质网络资源，使习近平新时代中国特色社会主义思想"三进"（进教材、进课堂、进头脑）卓有成效，并且借助互联网开展微电影大赛等提升大学生的参与度。

当然，高校在网络的帮助下，可以让思想政治教育工作者更及时地了解受教育者思想方面的动态。教师要认识到要想充分发挥思想政治课的教学效果，让学生从内心深处认可教材上的观点，就要遵循学生的认知规律以及信息传播的科学规律，循序渐进地授课。尤其是在设定教学内容时，教师一定要注重与学生实际生活的关联，立足于学生的生活体验，同时借助互联网的作用来设置思想政治课主题，这样不仅可以促进高校思想政治教育工作效率的提升，还可以保证高校思想政治教育工作的实效性。

五、"互联网+"思想政治教育发展机遇良好

第一，"互联网+"时代，促进高校思想政治教育理念更新。2019年8月，中央办公厅、国务院办公厅印发《关于深化新时代学校思想政治理论课改革创新的若干意见》，从顶层设计层面解决了长期想解决而没有解决的难题，规划了许

多过去想办而没有办成的大事。在新时代背景下，高校思想政治课应当做到"全员育人，全程育人，全方位育人"。对于贯彻此理念，仅仅依靠某个思想政治教育工作者或学校某个部门的"单打独斗"很难成功。这就需要在高校部门内部之间、部门与部门之间、家校之间形成良好的体制，强化对学生的教学，形成校内部门之间与校外之间的联动机制。

第二，"互联网＋"时代，提高了高校思想政治教育的实效性。信息时代的到来，"互联网＋"模式的全球应用，使得传统的传播模式逐渐被取代，形成了新时代的教学模式。学生不再被困在课堂中学习知识，可以随时随地观照现实世界，从而切身体会思想政治教育的重要性，还可以与专家和教师进行深度交流。与此同时，高校教师也可以借助互联网这一媒介，开展相关理论的学习与教学工作，增强与学生的互动性与交流性，激发学生对思想政治教育内容的兴趣，提升教学效率。

第三，"互联网＋"时代，使得各种思想政治教育模式得以创新，促进了高校思想政治教育理论体系的研究。习近平总书记强调，教育对实现中华民族伟大复兴具有决定性意义，办好思想政治课，抓住了教育的根和魂。我们要以思想政治课建设的新成效、新经验为引领，加快建设教育强国的历史新征程。中国特色社会主义进入新发展时期，高校思想政治教育也需与时俱进，使思想政治教育及时有效，提高大学生群体对于思想政治教育的接纳度，摒弃陈旧的"填鸭"模式，让学生参与到思想政治课堂的建设中去。

六、"互联网＋"开拓了思想政治教育新阵地

在传统的思想政治教育中，大学生的学校活动经常围绕宿舍、图书馆、教室三点一线进行。而"互联网＋"时代的到来，丰富了学生开展活动的形式，使学生可以在网络虚拟环境中活动。在课堂之外的生活中，他们经常以网上浏览新闻、网上购物、网课学习、在线答疑、在线家教等专业性活动和追剧、打游戏、观看游戏直播等娱乐性活动为主。因此，"互联网＋"拓展了高校思想政治教育除学术报告、社团活动、座谈会等线下形式以外全新的网络学习平台，为传统思想政治教育方法提供了新思路。

"互联网＋"突破时间和空间的限制，形成了学习的"第一界点"和"第一场域"，使学生不再仅仅依靠教室这一传统教育平台获取自己所需的信息，可以在网络平台轻松自由地选择信息，并通过匿名的方式与社会上各种人群进行思想交流，以间接积累其社会经验，加强学生对未接触到的现实社会的了解。如移动

图书馆、思想政治教育相关网站、思想政治教育公众平台（微信公众号、官方微博）等，都成为学生在课堂之外接受思想政治教育的新平台。在这些平台上，师生或者生生进行双向互动，教师及时引领舆论方向，渗透社会主义核心价值观的相关理念，对学生进行道德教化；学生之间相互交流，发挥同辈宣传作用。这些平台都是提升思想政治教育实效性的全新网络阵地。

第三节 基于"互联网+"的思想政治教育模式创新路径

一、重塑思想政治教育理念

在"互联网+"理论研究中，尊重人性是"互联网+"最为突出、最有价值的理论特征。因此，高校在开展思想政治教育工作的过程中，应深入结合"互联网+"的理念优势，尊重学生的内心想法，将学生作为思想政治教育的主体，进而重构思想政治教育理念，推动教育改革的快速发展。首先，明确思想政治教育改革的现状及目标，确定"互联网+"理念的应用目标，将思想政治教育理念划分为不同的层次，使现有的教育改革体系与低层次的教育理念相融合，并在教育改革工作得到深入推进的过程中，逐层地深化教育理念。其次，将人本理念作为"互联网+教育"的核心，确保不同层次的教育理念都充分体现人本精神，进而在分享见解、意见交流、组织优化的过程中，使思想政治教育理念和教育改革进程相契合。

二、构建思想政治教育 O2O 模式

在"互联网+"时代，大数据、云计算、互联网等技术已经深入社会的各个领域，传统思想政治教育模式也因此受到了思想政治理论课弱化、权威性被质疑、教育方法创新性不足、教学内容不够多元化等方面的严重冲击，导致思想政治教育没能紧跟时代步伐，其效果不够显著。习近平总书记在全国高校思想政治工作会议上指出，"要运用新媒体新技术使工作'活'起来，推动思想政治工作传统优势同信息技术高度融合"，既要充分发挥传统思想政治教育中课堂教学、社会实践、校园活动、谈心谈话、志愿服务等多种教育途径的重要作用，又要结合时代特点，利用"互联网+"的优势弥补传统教育中的欠缺之处，探索并创新满足学生个性化需求的教育手段。基于此，思想政治教育 O2O 模式也应运而生。O2O（Online

To Offline）最早起源于美国，应用在商业中，其原意是指"电子商务中在线与离线的协同，将线下的商务机会与线上交易平台相结合，以互联网为线下交易前台，线上揽客，线下服务"。

思想政治教育 O2O 模式将传统思想政治教育与大数据、云计算、互联网技术深度融合，充分发挥二者的有利优势，相互渗透、彼此促进、弥补不足、形成合力，努力取得教育的新成效。

在传统的教学中，通常以课堂为载体、以教材为核心开展思想政治教育活动。随着"互联网+"时代的到来，传统教育无论在教育内容、教育方法还是教育的时间和空间上都受到一定的限制，存在一定程度的滞后性，难以适应时代的发展、满足新形势下教育的需求。此外，当今大学生主要以"00后"为主，是互联网的主要应用群体。这些大学生群体受成长环境的影响，思维比较活跃，思想比较开放，独立意识较强，以往的"填鸭式"教育模式已经很难被他们接受，反而会心生反感。他们追求独立、自由、平等，习惯了互联网提供的便捷方式与发声平台，喜欢通过互联网关注时事热点、发表个人观点、探讨有疑惑的问题等，以获得独立的思维方式。因此，思想政治教育 O2O 模式正是基于时代要求和大学生的思想行为特点而构建的，突破了传统教育时间和空间的限制，形成线上、线下无缝连接的教育，覆盖更多的受教育群体，使思想政治教育深入学生的学习和生活之中，达到最佳的教育效果。思想政治教育 O2O 模式主要包含两个方面。一方面是继承传统优势，探索思想政治理论课堂、校园文化活动等线下教学与 O2O 结合，形成新的线下思想政治教育模式。另一方面是顺应时代发展，结合互联网和新媒体新技术，打造新的教育和资源共享平台。

（一）继承传统优势，创新思想政治教育线下教育模式

在"互联网+"时代，教学思维方式发生变革，既是顺应新科技革命的必然选择，也是推动教育信息化建设的迫切需要；不仅是深化教育教学改革的现实诉求，而且也是促进学生主体发展的深切呼唤。在"互联网+"时代，思想政治教育工作应在继承传统优势的基础上充分结合互联网技术，以学生为中心，掌握大学生的成长规律和思想行为点，有针对性地探索出具有时代性、吸引力的思想政治教育线下教育方法。

（二）借助互联网优势，创新思想政治教育线上教育模式

在"互联网+"时代，传统的思想政治教育模式已远不能满足学生与教师的双重需求，应积极适应新时代的要求，既要发挥传统思想政治教育的显著优势，

又要有效结合并充分利用互联网、大数据、云计算等技术，不断探索思想政治教育工作的新模式、新载体、新方法、新途径，努力将解决思想问题与解决实际问题结合起来，使思想政治教育更加接地气地融入学生的日常学习生活中，始终保持思想政治教育的亲和力。

1. 依托"互联网＋"，创新思想政治理论课教学模式

习近平总书记在 2019 年学校思想政治理论课教师座谈会上强调，"推动思想政治理论课改革创新，要不断增强思想政治理论课的思想性、理论性和亲和力、针对性"。高校要牢牢把握思想政治理论课这一主渠道，在传统的课程教学中，一般选取固定的时间和地点，面向特定的教育对象，由教师自上而下开展教学活动，理论性强、形式单一、互动性差，使得学生对思想政治理论课失去兴趣，缺乏学习积极性，很难起到良好的教学效果。而在"互联网＋"背景下，思想政治理论课要顺应时代发展、把握学生的成长规律和思想行为特点，创新符合学生需求的教学形式，增强学生学习的主观能动性，增强理论课教学的亲和力和针对性。

2. 构建思想政治教育"微教育"平台

随着"互联网＋"时代的到来，计算机网络技术和移动通信技术无时无刻不在更新，以适应时代的需求，正是基于此，微博、微信等网络媒体社交平台如雨后春笋般蓬勃发展，深入人们的日常生活中，成为人们必不可少的沟通交流、获取信息的常用工具。

对于好奇心强、对新鲜事物具有强烈求知欲望的大学生而言，"两微一端"无疑深受大学生的喜爱。党中央、国务院颁发的《关于进一步加强和改进大学生思想政治教育的意见》明确指出："新形势下要主动占领网络思想政治教育新阵地，形成网络思想政治教育工作体系，牢牢把握网络思想政治教育主动权。"因此，在"互联网＋"时代，加快建设思想政治教育"微教育"平台，充分发挥互联网的重要作用就显得尤为重要。

三、推进思想政治教育线上线下统一协调工作

（一）保证思想政治教育内容线上线下的一致性

思想政治教育内容是思想政治教育的核心要义，无论是在传统的教育模式中，还是在当前"互联网＋思想政治教育"的模式中，内容为王始终是思想政治教育坚持的核心要义。因此，保证思想政治教育线上线下的协调统一，首先要确保二者教育内容的一致性。思想政治教育主要以具有深刻政治性的马克思主义理论、

中国特色社会主义理论体系等为主要内容，以培养学生形成正确的政治观点和科学的思想观念，树立崇高的理想信念，具有良好的科学文化素质和思想道德修养。思想政治理论课是思想政治教育的重要途径，通过课堂教学帮助学生了解马克思主义相关内容，基本确立科学的"三观"。但是光是课堂上短时间的教学内容不足以使学生全面彻底地形成符合我国主旋律的思想观念，必须同时结合新生入学教育、心理健康教育、安全意识教育、职业生涯规划教育等思想政治教育内容，以充分体现思想政治教育的价值，增强教育的实效性。在作为学生科学观念形成的重要场所——思想政治教育中，高校应当始终保证班主任和辅导员及其他思想政治工作者充分发挥自己的职能，鼓励学生除课堂时间之外积极参与社团活动、学校讲座、论坛等。

要保证思想政治教育内容线上线下的一致性应当从两个方面进行阐释：一是党和国家层面。具有意识形态性的思想政治教育无疑是党和国家宣传主流思想和巩固政权的一大举措，为了确保其顺利进行，必须保证网络舆论导向的科学性。网络思想阵地作为当前思想宣传的主要阵地，我们必须予以掌握，让主流价值搭乘技术的快车逐渐深入大学生内心。这就需要国家不断对信息源进行整治，制定相关的制度对一些发布危害国家安全、扰乱民心的信息的人进行合理有效的惩治。大学生对热点的关注需要国家对其及时回复，帮助学生正确厘清其中的利害，以正确引导学生的价值观念，实现与日常生活中思想政治工作者对学生进行思想政治教育的一致性。二是高校自身。高校是为党和国家培养合格的社会主义建设者和接班人的重要场所，与国家宣传思想相一致的教育内容是确保任务成功完成的重要依赖。在"互联网+"时代，大学生除课堂时间之外，大部分时间都在网络海洋中徜徉。因此，保证网络信息的科学性与线下课堂中教师所讲解内容的一致性就显得尤为重要。

（二）促进思想政治教育方法线上线下的创新性

采用何种思想政治教育方法是教育目标实现与否及实现程度、教育成效提升与否及提升程度的重要参照。方法的运用直接关系到学生接受教育的意愿与程度。思想政治教育方法包括思想政治教育认识方法、思想政治教育实施方法、思想政治教育调节评估方法三大部分。在高校，教师普遍接触到的是理论教育法（思想政治理论课）、实践锻炼法（专业实习）等方法。随着网络技术的发展，思想政治教育不断更新观念、创新方法，进一步渗透于学生的日常生活中。"互联网+"时代的到来与发展要求高校将借助网络技术的教育方法与传统教育方法相结合，做到线上线下教育方法相结合，帮助学生树立科学观念，提升教育成效。

网络战就是时代战，借助"无人不网、无时不网、无处不网"的时代特征，思想政治教育方法在创新过程中利用"互联网+"技术打造线上教育模式，辅助线下教育的顺利进行，形成线上线下联动趋势。

首先，思想政治教育方法线上线下的创新必须坚持四大规律：高校思想政治教育规律、学生成长成才规律、教书育人规律和网络运行发展及大学生应用规律。高校思想政治教育规律要求在创新方法时始终坚持社会主义办学方向，培养社会主义的建设者和接班人，使青年一代树立科学的"三观"；学生成长成才规律要求在创新方法时始终顺应时代的潮流，以学生为中心，尊重学生的主体性，促进他们自由而全面的发展；教书育人规律要求在创新方法时始终坚持课堂教学与日常教育相结合，正确把握"质与量"，适度利用网络，做到全员、全程和全方位育人；网络运行发展及大学生应用规律是在学生充分利用网络进行生产活动的背景下出现的，这一规律要求在创新方法时始终遵循网络信息传播规律，并且了解学生的需求和学生运用的规律，以尊重学生的主体性，充分体现网络技术在教育过程中的作用。

其次，思想政治教育方法线上线下的创新必须与思想政治理论课方法的更新相适应。教育 App 是"互联网+教育"的重要载体。在网络技术的支持下，思想政治理论课"技术热"持续增温。同时，思想政治教育也采用了"钉钉 App"吸引学生针对某一热点发表意见，并进行辩论探讨。教育者在辩论中把国家特色、科学理论、社会万象融入网络热点的事件分析中，并引起学生共鸣。

（三）推动思想政治教育环境线上线下的清朗化

思想政治教育环境是指影响思想政治教育活动和教育对象思想品德形成的一切外部因素的总和。"互联网+"时代，无论是从国家层面还是高校自身，网络思想政治教育环境越来越成为重要的教育因素。习近平总书记指出，要加强互联网内容建设，营造风清气正的网络空间。当前学术界对网络技术与思想政治教育的关系有着网络环境论的观点，网络技术在人类的创新发展中，实现了前所未有的迅速崛起。同时，它的存在改变了人们的生活方式和思维方式，促使所有行业都不断转变经营方式，实现与互联网技术的对接。作为网络环境下悄然发生改变的思想政治教育，必然需要在坚持自我方向的基础上做到线上线下教育并驾齐驱，其中思想政治教育环境的建设便是重要一环。线上线下教育环境尤其是思想政治教育环境的风清气正可以有效引导学生选择积极信息，避免学生"误入歧途"。

　　思想政治教育线下环境突出强调校园环境的建设，包括校园硬件设施的建设和校园"软实力"的建设，线上环境的建设突出表现为校园网络交流平台的统筹建设。随着"互联网＋"时代的到来，学生为自己找到了避风的"港口"，在网络上匿名的情绪宣泄、沉浸于网络游戏等为他们提供了隐秘的私人空间。思想政治教育线上环境的建设主要指高校工作软件的建设。由于网络社会中软件层出不穷，高校应当建设独具特色的工作交流平台，为学生提供答疑解惑的场所，以保持思想政治教育的科学性。首先发挥各平台的不同优势，高校拥有不同的网络教育平台，各个平台具有不同的特色，各个平台的负责人之间应当保持平台信息传播方向的一致性，充分运用自身优势并与传统媒体相结合，向学生传播科学的价值观念，使学生具有良好的思想品德、树立正确的政治观点和道德观念。其次，各媒体平台要充分掌握话语权，引导学生在网络空间接受信息、内化信息和传播信息。

第五章　基于人工智能的思想政治教育模式创新

人工智能目前已经渗透至各个领域，大学生思想政治教育工作也不例外。人工智能的发展对当前大学生思想政治教育工作既带来了新的机遇，也带来了较大的挑战。思想政治教育工作者应改变工作模式，加强自身学习，适应角色转换。本章分为人工智能应用于教育的思考、人工智能带来的思想政治教育新契机、基于人工智能的思想政治教育模式创新路径四部分。

第一节　人工智能应用于教育的思考

一、人工智能在教育领域的典型应用

（一）智适应学习系统

智适应学习系统包括学习者模型、领域知识模型、智适应引擎和用户界面四个核心组件，综合运用了贝叶斯算法和项目反应理论等多种算法、教育知识图谱以及学习分析技术，能够精准定位学生的知识点掌握情况和薄弱环节，精准推荐学习内容、学习方案，生成快捷的学习路径。系统能根据学生的学习风格，从现实情境中快速提炼问题并精准整合信息，实现个性化的学习服务供给。此外，系统还能最大限度地模拟专家教师，通过答疑反馈、师生互动等功能，为学生提供动态、智能化和个性化的反馈评价和学习报告，使学生在人机交互中完成知识建构。

（二）智能教学平台

智能教学平台运用了学习分析、计算机视觉、虚拟现实等技术，能够创设仿真的学习环境，使学生获得沉浸式的视觉体验和学习体验，将抽象的学习内容进行具象化观察学习。同时，在人机协同的教学环境中，教师能够根据平台提供的

学情分析报告和教学策略，进行更加精准化的教学辅导和答疑解惑。

科大讯飞公司研发的畅言智慧课堂，具有收集课堂数据、提供优质资源等功能，平台创设了智能化、交互化的学习环境和教学环境，目前已服务于数千所学校，是较为系统的智能教学平台。此外，医学中也广泛应用智能教学平台，能全面采集与记录过程性数据，平台利用模拟器来开展模拟手术并提供触觉反馈，为学生创造了虚拟的手术练习环境，有效提高学生的操作能力。

（三）教育机器人

教育机器人是为学习和教学活动提供辅助的机器人。教育机器人依托多模态感知技术接收自身和外部输入的信息，能够主动推理并进行智能决策。机器人具备的表情和动作，增强了学习过程的互动性和体验感。计算机视觉和人机交互等技术的成熟，使机器人拥有了更强的交流互动能力，为用户提供了正向、积极的情感服务。

教育机器人能够扮演教师助理、学习同伴等角色。作为教师助理，机器人帮助教师完成点名、收发材料等任务，还能生成教学设计和学生学情报告，实时反馈教学活动，在提高教学效率、优化教育资源配置等方面发挥了积极的作用；作为学伴，这类机器人具有对话交流的功能，如阿尔法蛋早教机器人、智慧学伴等产品，能完成学习监督提醒、疑难解答、学情可视化分析、学习陪伴激励等工作，使学生获得良好的学习体验。

（四）智能测评系统

智能测评系统承担了部分人类脑力劳动的工作，能自动采集监测学习情况、实时追踪学习过程并进行反馈评价。近年来，计算机测验、机器口语测评等测评系统逐步成熟并广泛应用。计算机测验是计算机在评估学情后，从系统中抽取与学生能力适配的内容进行测评；机器口语测评则运用智能语音识别等技术，对被测者的口语进行自动化测评和反馈。

批改网是利用计算机批改英语作文的测评系统，它利用图像识别、自然语言处理等技术，基于语料库综合评价作文的词汇、语法和结构，并给出具体的点评以及修改建议；大学英语四六级口语考试系统、普通话模拟测试系统在高等教育中发挥了很重要的作用，既能保证测评的客观性，又节省了人力和物力成本，提高了测评效率。

二、人工智能应用于教育的发展趋势

（一）立足以人为本，培养学生的核心素养和数字素养

在传统教育环境中，教育者通常将大量的精力放在维护课堂秩序、批改作业等机械任务中，一定程度上忽视了教育的最终目的和根本任务。而人工智能时代，机器可以代替教育者完成简单的教学任务，教育者将更加注重培养学生的核心素养。核心素养是指学生终身学习和适应社会发展所需的关键能力，包括终身学习和计算思维等素养和能力。随着教育人工智能的深化应用，学生的数字素养也成为智能时代所需的必备素养。使学生学会灵活使用人工智能平台和系统，在人机交互中提高学习能力及学习效率，培养具备创新能力和数字素养的新型人才，是教育人工智能的价值指向和最终目标。

（二）满足学生的需求，推进学习方式的创新变革

随着教育工作的改革创新，学生的学习活动受到广泛关注。教育人工智能持续推进着学习场景和学习方式的变革，个性化学习、群智学习、随性学习和终身学习将成为人工智能时代重要的学习方式。未来教育人工智能将不断提升数据驱动水平和智能适应能力，根据学生的风格创设智适应学习环境，满足学生的个性化学习需求；群智学习将被激活，学生可以通过端口进入系统，进行深入对话交流、共享学习资源，突破信息孤岛，从而实现自我认知重构与综合能力提升；跨媒体技术的发展打破了传统教室的时空界限，使学生能够根据个人兴趣，随性学习和探索事物间的联系，形成泛在化的学习态势和无缝式的智适应学习环境；终身学习将成为主流。教育人工智能将构建涵盖不同教育阶段、专业课程的资源库，提供跨学科、跨时空、跨媒体的教育服务供给，发挥优质教育资源的辐射作用，使终身学习的机会更加普适。总之，教育人工智能颠覆了传统的学习方式，不断变革学习场景，满足学生的个性化学习需求。

（三）坚持人机协同，构建多元立体的教学交互空间

如今，混合教学模式成为重要的教学模式，构建多元立体的教学交互空间、重塑人机协同的教学样态和教学模式，成为教学改革的迫切需要。

未来教育者要利用感知技术、虚拟现实技术和数字孪生体技术等，构建人机协同、多维共生、智能增强的教学空间，使教学空间从孤岛化向智能化发展、从实体化向虚实结合过渡。未来教学空间中各教育要素的关系将被重塑，学生是探究者，教师是引导者，人工智能为师生提供个性化服务，学生与 AI、教师与

AI、学生与教师、学生与学生都将在教学空间内实现全方位的动态交互，有助于师生深入对话交流，满足学生个性化的学习体验，使学生在交流互动中实现认知重构和知识学习，从而提高学习效果和教学质量。

第二节　人工智能带来的思想政治教育新契机

一、提升了思想政治教育的管理水平

高校思想政治教育不仅仅是上几次思想政治课而已，信息收录、就业指导、心理咨询、资助管理、学业辅导等都属于高校思想政治教育的内容，都是围绕高校学生开展思想政治教育管理工作的重要组成部分。结合人工智能大数据、深度学习算法和人机交互系统，引进智慧辅导员管理系统，将高校辅导员从事务性工作中解放出来，将育人职责划分到各教育者身上，教育者就能有更多的精力和机会关注到学生每个人的发展动态，让高校思想政治教育从管理育人向服务育人模式转变，体现"育人"中心意义并最终回到培养社会主义建设者和接班人的出发点。国内已有专为辅导员设计的数字化协同办公服务App辅导猫，已开发出考勤留痕、在线请销假、创建学生信息库等功能，打通了学工处、辅导员与学生之间的信息分享通道，精细化管理学生的校园行为，显著提高了高校辅导员的工作效率。因此，更全面、更智能化的智慧辅导员管理系统可以极大地促进高校辅导员的专业化建设。

首先，智慧辅导员管理系统帮助实现高校辅导员职位的人岗匹配。从高校辅导员的从业申请筛选开始，全面分析岗位申请者的思想政治观念、道德品行和守法档案、心理健康素质评价以及专业水平等信息，帮助高校辅导员专项岗位筛选合适的人才，入职后保持辅导员的行为数据留痕与分析，剖析辅导员的教育行为以及时改进教学方式。在学校系统中秉着全员育人的原则，根据各部门各岗位的工作情况科学合理地划分职责，从而避免工作疏漏、分配不明、责任推诿等不良现象。

其次，智慧辅导员管理系统提高收集与整理数据的效率。在高校事务性工作中，评优评先、贫困认定、医疗保险以及奖学金和助学金等各类数据收集和表格填写都属于辅导员的工作重点，但不同目的和类别的数据整理、填写要求规范各有不同，使得这类事务性工作既属于重复行为，又有本质差别。智慧辅导员管理系统由于具备海量数据和超级计算能力，经深度学习后可快速提取、智能替代

重复数据的收集和生成过程，按要求帮助完成具体的填写工作，大大减少了因格式不规范、个别信息难以导入或填写错误等问题带来的巨大工作量，提升了工作效率。

最后，智能助理最大限度分担高校思想政治教育事务性工作，引发的良好效应是解放高校辅导员。高效率的工作让辅导员有了更多的时间和精力钻研新知识、新技术、新教育理念，在思想上与时俱进，接纳高校思想政治教育正在出现的以及未来将会发展的新变化；在行动上投身于智能时代个性化教育的探索与实施，为个性化教育的普及和发展创造条件。

二、丰富了思想政治教育资源

传统的思想政治教育资源往往是通过教师、教材和书本获得的，思想政治教育仅仅集中在课堂教学，教育资源获取的渠道有限，教育信息的接收和传播也存在滞后性，且受地域的影响，一些偏远地区学校所拥有的教学条件和教育资源非常匮乏。随着人工智能技术在教育领域的应用越来越广泛，思想政治教育资源也得到了丰富。

随着科学技术的发展，多媒体技术在教育中也得到了普及和应用，思想政治教育开始结合多媒体进行教学。多媒体教学可以融入图片、视频、音频等，丰富了思想政治教育教学的内容和表现形式。在人工智能赋能的教育环境下，高校可以搭建具有强大功能的移动智能学习平台，教育者可以在智能平台上发布多种教学资料，补充课堂教学内容，使信息与资源实现自由流动与共享。而人工智能发展带来的载体融合，有利于思想政治教育在实施过程中，实现对多种教育资源的多途径输送，为偏远地区的学生打破地域的局限，使他们通过人工智能设备和平台即时地获取大量丰富的教育资源，教育资源的丰富进一步提升了教育内容的覆盖率，促进了教育资源的公平分配。

三、完善了思想政治教育质量评价

2017年由教育部发布的《高校思想政治工作质量提升工程实施纲要》明确提出，要"健全高校思想政治教育工作质量评价机制，研究制定高校思想政治工作评价指标体系"。高校思想政治教育评价是新形势下高校检验思想政治教育实效性发挥和质量水平的重要手段，不仅客观地反映高校思想政治教育的质量水平，而且能够做出及时有效的信息反馈和价值判断，为继续开展有成效的高校思想政治教育工作提供必要的依据。按不同的实施功能来看，深度学习算法分别在诊断性评价、形成性评价和总结性评价三个阶段给予技术辅助。

诊断性评价指的是教学活动开始前为了给教育对象做好针对性学习准备以及教学计划顺利实施的方案所做的测定性评价，简言之就是在教学开始前先对教育对象的发展水平做一个评价。学生基本具备长期的思想政治教育培养基础，但在高校思想政治教育初始，学生的发展水平参差有别，传统的教学受限于技术而无法做到教学前测评，而在人工智能时代可以得到实现。无处不在的教育大数据与深度学习算法强强联手，可以很好地构建学生模型，勾绘出个人信息、认知特征、学习情况、课程成绩、社交信息等内容的个性化理论知识图谱。刚踏入高校大门的教育对象正处于思想政治观念完善的最佳时机，在教育教学的最初阶段，通过对高校学生的发展水平进行测评诊断，为每一位个性不一的独立的高校学生构建学生模型，为实现因材施教和科学管理提供切实的依据。

形成性评价指在教学过程中获取学生的阶段学习情况，发现教和学的问题，及时改进和完善教学的评价，常采用非正式考试或单元测验的形式。及时、动态、不限次的形成性评价在高校思想政治教育评价中至关重要。由于传统的高校思想政治理论课是一位教师面对众多学生，即使在思想政治课中期完成了阶段性的单元测验，也难以对每个学生做到全面而及时的结果分析。引入深度学习技术后，形成性评价有机会发挥真实的实力。在充分利用学生的平时作业、课堂表现、师生互动、实践环节等过程性教育大数据的基础上，深度学习算法可以对学情状况加以精准判断。高校思想政治教育同样可以利用智慧平台，为每一位学生打造个性化学生模型，根据接收的课堂动态数据，实时更新和优化学生的思想政治理论知识图谱，即时得到全面反馈的教师就可以准确把握学生掌握理论知识的情况，从而改进教学方案，提升高校思想政治教育的质量和成效。

总结性评价一直以来都在教育教学评价中普遍存在，是指在教育教学结束后以预先设定的教学目标为基准，通过期末测验或考核确定教育成效，是对学习整体程度的广泛测验。

在人工智能时代，总结性评价在获取总体教育数据、建设规模的高校教育数据库的基础上，与形成性评价相结合，可以建立更加客观、全面动态的、立体的个人学习模型。总结性评价多通过对教学期末考试考核的批阅结果来表现，人工智能深度学习技术可以为批阅提供技术帮助。在理想情况下，人工智能通过分析上下文来感知、解释一般的逻辑，将其与单词的实际含义联系起来，就可以对论述题等主观题型或者课程论文进行评分，并对学生需要改进的地方进行分析和总结，为此后的教育教学提供客观、全面且真实的数据参考，为教育者节省了大量的时间和精力。

四、提高了思想政治课程教学效率

传统的思想政治教育课堂一定程度上受到时间、空间以及教师能力、精力的影响，而人工智能可以突破人物、空间和环境的限制，及时发布与更新资讯，使信息传递的时效性得以凸显，使思想政治教育课程的教学效率得以提高。

人工智能为学生学习、教师教学提供了许多新服务，可以减轻思想政治教育者的教学压力，使他们从一些重复性、程序化的工作中解放出来，从而把工作重心转移到人工智能无法完成的、需要复杂沟通能力和创造能力的工作上。这样，在人工智能的辅助下，思想政治教育的课程教学效率也得到了充分提高。

随着人工智能的发展，自动化测评系统和自主在线学习平台也开始出现在我们的视野，并逐渐进入了实际的思想政治教育教学场景，加速推进了思想政治教育的"智能化"发展。自动化测评系统可以智能阅卷和自动批改作业、智能归纳总结、提供学习诊断报告，从而在教学结束后把学生的课堂学习状况完整地反映给教师，也使得教师能够及时解答学生课堂上出现的困惑，弥补教学过程中可能出现的知识漏洞。自主在线学习平台能够根据学生的在线学习行为数据，智能地为学生推荐最适合的学习内容和学习方法，智能地制定学习规划、督促提醒学生及时完成学习任务，并且智能地解答课程中的常见问题。思想政治教育者可以借助自动化测评系统和自主在线学习平台，及时掌握学生的课堂学习情况，适时调整课程教学中的重点和难点，从而极大地提高思想政治教育的课程教学效率。

五、实现了思想政治课的智能化课堂考勤

高校思想政治课的考勤是课堂教学的重要环节，既体现了学生的学习态度和学习状态，也体现了高校思想政治课在高校学生群体中的重视程度和吸引程度，更体现了教师的教学胜任能力。而高校思想政治理论课作为公共政治大课，面向高校全体学生，一堂课往往有来自不同班级、不同专业的百来位的学生，每次课前考勤就要花费教师和学生大量的时间和精力，极大地占用了课时不多、本应该用作教学讲授的课堂时间，因此考勤工作虽然必不可少但也非常艰巨。而人工智能可以为提升课堂考勤效率提供技术帮助，引入教育大数据、人脸识别、面部获取等技术可以检测学生的课堂考勤、学习动态和课堂表现。

打造具有智能硬件和软件的教室，硬件方面包括云平台、服务器和有智能黑板和智能多媒体设备的智能讲台，软件方面包括内嵌智能学习系统、人机交互系

统、智能管理和评价系统等。首先，通过教育大数据提取本堂思想政治课程应到的学生名单及其院系、班级归属，然后通过在教室里设置的面部获取和人脸识别镜头对每一位进入了教室的同学快速扫描打卡、实现自动考勤。其次，在课堂开始前及时播报本教室的教学课程、教学教师、上课时间和落座提示等，并即时对正常落座、迟到、旷课、请假等不同考勤情况做好相应的记录。最后，课程结束后即时梳理出一份动态的考勤统计表，存档于教师的课程管理记录下，以供教师随时有效地查阅，大大地提高高校思想政治课程的考勤效率，不仅极大地方便了教师动态地把握学生的出勤状态，而且透过考勤数据可以了解到教师的教学能力和思想政治课程吸引力，从而及时地对高校思想政治课进行调整和完善。

六、助推了思想政治个性化教育

2012 年以后，大数据逐渐被频繁地提及，基于云计算的数据处理和应用模式的成熟，信息的爆炸式存在催生的海量数据不再是单纯的数据痕迹，具有了快速获取并分析有价值的信息的能力。如今，大数据的优势越发显现，只要在网络上留下了数据痕迹，通过计算数据痕迹就可以精准到为每个人的偏好和行为进行分析预测，从而引导决策的大体方向，大幅度地降低成本而增加价值。在教育现代化的进程中，教育大数据是关键因素，将大数据与高校思想政治教育融合是社会发展和时代要求的必然趋势。

思想政治理论课是高校思想政治教育的主阵地，要充分发挥人工智能时代高校思想政治教育的成效，首先就要从教育教学工作中找到契合点。以前的高校思想政治教育教学由教师普遍利用课堂单向灌输理论知识，在期末考试的检验中得到教学成果的反馈，这符合当时的教育条件和环境，但在当今高度信息化的教育环境中显然比较落后，既无法满足教育对象的学习兴趣和需求，又无法高效地完成新时代高校思想政治教育的目标，而大数据的应用与融合打破了这个局面，为高校思想政治理论课打开了新道路。

首先，基于大数据的综合立体处理分析技术可以实现信息的精准分发，为宣传主流意识形态提供了便利条件，推动思想政治教育由普遍宣讲式的"大水漫灌"向个性化的"精准滴灌"转变。现代社会高校学生几乎人手一部智能设备，利用智能设备使用过程中挖掘的海量数据可以精准对接高校学生的学习偏好，实现学习资源、主流新闻等内容的智能推送。大数据的实时动态数据更新还可以让教师通过智能教学平台在线获取学习数据，如课堂表现、课后思考、实践活动等情况，从而预估学生未来的学习表现，智能化地为学生推荐优质的学习内容和有效的学习方法。

其次，运用大数据技术可以详细描述学生的学习特性，构建完整的学生画像。2015 年，电子科技大学研发的"学生画像"就是通过数据整合、分析，关联学生的在校实际行为，如进出图书馆、自习室的次数和出入宿舍的时间等，不仅可以分析出每个学生的学习、生活状态，预测学生是否有挂科的风险等特殊状况，而且可以跟踪学生的消费状况以推测学生的贫困程度，让学校的帮扶工作得到精准实施。

最后，大数据与自适应学习技术相结合，为学生创建个性化的自适应学习体验与学习路径，推送适合不同学生的差异化学习内容与发展规划。自适应学习通常指给学生提供相应的学习的环境或实例，使学生在学习中发现总结、形成理论、自主解决问题的学习方式，这对于高校学生来说是非常理想的学习方式。与国外的自适应学习技术相比，国内的自适应学习技术还处于萌发阶段，但若能与大数据技术有效结合，为学生创建适合个人的学习路径，那么在人工智能时代高校思想政治个性化教育就有了实现的可能性。

七、增强了思想政治教育的获得感

思想政治教育的获得感是指大学生在思想政治教育过程中获得的满足感、参与感、认同感、受益感等。实效性是检验思想政治教育教学效果是否切实有效的重要指标。

当前，高校思想政治教育统一灌输式的教育模式难以满足大学生的个性特点和实际的需求，这将直接导致大学生在接受教育的过程中获得感不强，思想政治教育教学的实效性不足。思想政治教育者要想让大学生真正接纳教育教学的理论和知识，就要"因材施教"，实行尊重差异的教学。但我国由于人口基数大，师资力量又相对薄弱，所以学校基本都是采取大班制教学，在这种状况下，要想了解和掌握每一位大学生的思想动态、价值认知和取向的实际状况，进行针对性的个性化教育难度较大，并且仅仅依靠教师个人的力量，难以精准判定每个大学生思想的实际情况，也无法顾及每一个学生，最后也导致难以将"因材施教"落到实处。

人工智能能够实时监测大学生的实际行动，督促大学生做到"知行统一"。交互屏、智能桌椅、投影仪等各种智能教学设备为大学生提供舒适的学习环境，电脑、平板等移动智能设备和在线学习平台的使用使思想政治教育超越时空限制，打破传统的教室布局的局限，使课堂布局更加立体、饱满。大学生能够通过在线学习平台自主选择学习内容，能够在网络虚拟空间个性化地表达自己。思想政治教育者可以通过收集、分析大学生的学习、生活等行为数据，建立大学生虚拟模型和画像，判断大学生的实际发展需求和理论学习中的薄弱环节，从而调整教育模式和手段，改进管理服务方法，形成个性化的教学评价，实现精准个性化教育，激发和调动大学生学习的主动性，进而增强大学生群体自身的获得感以及思想政治教育教学的实效性。

八、促进了思想政治教育服务育人

在高校思想政治教育工作中，以智能机器人形态的智能机器助理有助于推进"双教育者模式"，开展范围更为广泛的思想政治教育。作为除人类教育者以外的另一位突破时空限制的"教育者"，通过智能终端高效即时地回复学生提出的疑惑，整合后可向相关的高校思想政治教育工作者反馈，不仅分担了人类教育者的压力，而且"零时差""零疏漏"的工作模式也给予了学生很大的便利。由于高校学生处于青少年到成熟青年的过渡时期，心理上多数易敏感、易受影响，对于个人情感隐私问题、未来人生规划问题等往往难以对教师启齿。学生如果不及时纾解压力、发泄情绪、寻求帮助，极有可能向极端化负面方向发展。高校思想政治教育要尽力避免这样的结局，通过教育使其走上光明正道。当学生不愿意面对人类教师时，智能机器人可以接收来自匿名学生的求助，化身为陪伴机器人，通过智能性极强的人机对话、科学评估等方式完成基础的答疑解惑、心理排解，在必要的时候智能机器人建议学生主动向人类教师寻求帮助，这样面对个性迥异、思想复杂、心理敏感的学生也能循序渐进做好高校思想政治教育工作。

第三节　基于人工智能的思想政治教育模式创新路径

随着社会教育环境的变化，当代大学生的思想和行为状况呈现出许多新的特点，传统的思想政治教育教学模式也面临着许多新的问题和新的挑战，因此，我国各高校必须与时俱进、革故鼎新，积极地探索思想政治教育教学新的规律、新的模式和新的方法，通过对教育模式不断地创新与完善，促进思想政治教育的智能化、科学化发展。

一、实施精准个性的教育教学

当前由于教育课程资源的极大丰富，造成个性化教学服务需求与供应不足的矛盾问题日益突出。因此，针对不同学生的个性化需求，为其推荐合适的个性化学习方案，实施精准个性的教育教学是教育发展的本质追求和价值取向。实施精准个性的教育教学，可以通过人工智能构建出大学生个体或群体的画像，建立大学生可视化模型。可视化模型能够更好地展现大学生的个性特征和群体特征，给思想政治教育者提供更为直观的"标签"式的数据，方便思想政治教育者更为全面、便捷地掌握大学生的个性特征、思想政治理论知识掌握情况、学习能力特点、学习薄弱环节，也能通过监测并预测学生的行为及时发现学生的潜在问题，了解不同学生不同的学习需求、情感需求、价值观需求，从而帮助教育者针对不同的学生实施更加精准个性的教学，给学生精准推荐合适的教学内容，精准调试合适的教学方法，制定更有针对性的教学方案，开展尊重差异、弘扬学生个性、挖掘学生潜能的教育教学，有效服务于精准个性化的思想政治教育。

二、开展多元交互的教学实践

课堂教学实践是进行思想政治教育的主要阵地和主要渠道，思想政治教育者应有效利用人工智能技术，对思想政治教育的教学实践进行创新和变革，开展思想政治教育多元交互的教学实践。

思想政治教育的多元交互主要包括人与机器之间、人与人之间等多元主体间的交往互动。人与机器的交互主要是思想政治教育者和教育对象通过在线学习的程序或平台，利用手机、电脑等移动终端，让机器作为开展思想政治教育活动的介体，与机器进行交往互动，思想政治教育者可以通过机器传输知识，教育对象可以通过机器获取知识。人与人的交互包括思想政治教育者和教育对象之间的交互以及教育对象群体之间的交互，思想政治教育者在与教育对象进行直接交互的时候，也应该注意利用机器强大的数据分析功能掌握教育对象的基本情况，掌握其"症结"所在，以便更好地开展精准的教学。

三、创建多维科学的评价机制

思想政治教育的评价指标和评价机制需要多维科学，既要多形式考核大学生理论知识掌握的程度，也要注重考核大学生实践行为的转变，督促大学生知行合一，这样才能使思想政治教育活动的实施更有指向性。

随着人工智能的赋能，思想政治教育的评价方式也将发生根本性转变，人工智能技术能够采集教育对象的各种数据，这些接近真实的动态性数据能够为过程性评价、结果性评价、多元主体的评价提供有益的数据参考，提升教育评价的可信度，通过数据分析教育对象的学习行为表现情况，使思想政治教育者的教学决策更加科学，使教学实践得到优化，使思想政治教育从传统的、人为的、经验式的评价转变为科学的、有数据参考的、有依据的科学评价，从原来的教育者的单一评价转变为多元主体的评价，从结果性评价转变为过程性评价、动态性评价。人工智能能够帮助思想政治教育建立多维的、科学的评价机制，革除传统教学评价的主观性、单一性、片面性的弊端，支持多元主体参与教学评价，包括教育者的评价、教育对象的评价、学校的评价、家庭的评价、社会的评价等。通过多维科学的评价指标和评价机制对思想政治教育教学效果进行评价，及时发现并解决其中存在的问题，使评价机制更好地发挥在思想政治教育中的引领和导向作用。

四、提供智能人性的管理服务

思想政治教育各个环节的有序发展离不开智能人性的管理服务。人工智能能够为思想政治教育实现智能化、人性化的管理服务提供技术支持，促进思想政治教育管理体系的进一步完善。

首先是管理智能化。人工智能能够绘制出大学生个体或群体的数字化画像，为管理者提供大学生的各项学习行为数据，使高校管理者能够在以数据为参考的前提下做出更为科学的管理决策，促进教学管理智能化。其次是服务人性化。人工智能能够更加精准地识别出大学生的需求，使管理者能够更加有针对性地对大学生实施定制化、人性化的服务。管理者也应该转变传统的管理思维和理念，贯彻以学生为中心的教育理念。管理者可以通过智能分析了解大学生的校园卡消费情况、助学贷款情况、勤工俭学情况，识别出真正贫困的学生和假性贫困的学生，从而进行更有针对性的帮扶；根据学生的个性特点、能力特征、社会岗位职责、薪资待遇，为学生推荐和匹配合适的就业信息和岗位；通过建立校园在线教务系统，为学生在线选课、成绩登记与公示提供服务，使校园的教育信息资源能够快速便捷地共享和流通，使思想政治教育管理服务更加细致化、人性化和智能化。

五、保障思想政治教育的智能化供给

（一）培养保障人工智能的有效供给的跨学科人才

新兴科学技术是人类发明创造的产物，没有人的投入研究就没有技术的呈现，需要有源源不断的特定的专业人才来一代接一代地创造、更新、再创造、再更新。高校思想政治教育依托人工智能技术辅助开展，缺乏人工智能应用技术的有效供给就会导致伪智能教育，不仅打乱原有的教育规划，还有可能影响教育成效。因此，培养保障人工智能的有效供给的跨学科人才具有重要作用。

　　首先，在有条件的高校开设一批有针对性的人工智能一级学科专业，建造一批专业的人工智能研究所。目前人工智能专业大多分布在计算机学院、信息学院、电子工程学院等学院里，而鲜少有独立的人工智能学院，因此要加大对有条件的人工智能研究院所的投入与支持，建设专业的人工智能专业师资队伍、选拔优秀生源、构建本硕博贯通式培养方案，从而为中国人工智能研究团队输送优质的专业人才。

　　其次，酌情开设人工智能与人文社科的跨学科融合的二级学科。人工智能自身能够发展到何种地步是自然科学讨论的问题，而人工智能终归是要服务于人类社会的各领域的，在建设人工智能一级学科专业的基础上，要根据各校的各学科各专业的具体发展情况，酌情开设人工智能与人文社科的跨学科融合的二级学科，培养出具有人文社科知识的跨学科人工智能研究人才，为人工智能的可持续发展提供专业的建议和帮助，也为人工智能本身的技术研究提供新思路。

（二）建设守正与创新相统一的思想政治教育者队伍

　　中国传统文化推崇守正与创新相统一，中国共产党也是在守正和创新相统一的进程中推进自我革命的。2019 年 3 月 18 日，习近平总书记在北京主持召开了学校思想政治理论课教师座谈会，会上强调"办好思想政治理论课关键在教师"，关键在充分发挥教师的积极性、主动性、创造性。高校思想政治理论课教师承担着塑造灵魂、塑造生命、塑造人的历史重任和帮助青年学生扣好人生的"第一粒扣子"的价值导向使命。因此，人工智能应用条件下的高校思想政治教育要建设守正和创新相统一的高校思想政治教育者队伍。

　　高校思想政治教育者队伍以守正为基础。守正即遵守客观规律和经过了实践证明的正确理论。无论时代如何发展、技术如何进步，人工智能应用技术与高校思想政治教育呈现怎样的深度融合，始终把握好思想政治教育规律、坚守思想政治教育内核不变是基础要求。

　　因此，作为主导方的高校思想政治教育也必须紧跟建设要求，严格规范教育者准入门槛，吸纳思想政治教育专业人才，加强岗前培训、加强师德师风建设和在岗教学能力的培训等，提升教育者的政治素养和学理水平。打铁还需自身硬，教育者自身的思想政治教育觉悟直接影响着其教育方向和成效。因此必须要求新时代高校思想政治教育者队伍坚持马克思主义的人民立场和方法，守住社会主义价值取向，充分把握新时代中国特色社会主义思想，以透彻的理论说服学生、以强大的真理力量引导学生，最终实现落实立德树人、铸魂育人的目的。

高校思想政治教育者队伍要在守正的基础上力求创新。高校思想政治教育者应当深化教育改革创新，勇于探索新的思想观念、教育模式，充分结合人工智能应用技术创新高校思想政治教育实践。

其一，创观念之新。作为教育主体要主动树立科学的、智能化的高校思想政治教育观念，既不要畏惧或排斥人工智能新技术，也不要过度依赖人工智能。教师要改变传统的单向灌输、浮于表面的教学观念，更新服务育人的观念，正确认识、勤于思考人工智能与思想政治课和日常生活的融合点，准确把握时代变化，满足当代学生群体的真实需求。

其二，创手段之新。教师主动学习、充分利用人工智能技术手段，在思想政治课堂上共享共用古今中外、跨学科跨院校等的多方资源，满足学生增长的需求，增强思想政治理论课的思想性、理论性，利用人工智能技术有效地分析学生的行为动态，以便及时发现问题、解决问题。

其三，创机制之新。构建协同育人机制，充分调动人工智能专业教师的积极性和力量，与思想政治课教师形成教育合力，补足专业课教师在思想政治教育中的缺位，实现教书育人的良性互动；优化服务育人机制，积极运用人工智能技术，推进一站式学生服务和学生大数据信息共享；构建立体评价机制，借助深度学习算法的帮助推进"教育评价—实时反馈—分析优化"的良性运转，增强思想政治教育评价的针对性、科学性、真实性。

（三）创新高校思想政治教育的载体平台

创新高校思想政治教育离不开载体平台的创新。高校思想政治教育载体是连接教育者和教育对象之间的中介，也是囊括思想政治教育信息的平台，是同教育主体双向互动的关键所在。

1.搭建高校思想政治教育的物联网平台

物联网并不是一个新兴的概念，早在2009年就被写入当年的政府工作报告中，近年来更是发展迅速。物联网的目标是实现万物互联，即利用传感器、微处理器、半导体等电子元器件，通过远距离无线电等协议，感知周边环境，实现所有设备的联网以及设备与设备之间的互联，从而达到远程控制的目的。而在互联过程中，会产生大量的数据，这些数据一般存储在大数据平台中。

物联网的架构主要分三层，即感知层、网络层和应用层。其中感知层主要包括设备的处理器、各种传感器、嵌入式操作系统等，起到感知周边环境信息、经过处理器处理后将数据传输出去的作用。网络层主要包括用来支持万物互联的通信协议，起到保障数据传输安全的作用。应用层主要包括端到端的产品、软件开发平台等应用系统。正是物联网"感知—连接—智能"框架的存在连接了"人与物""物与物"，从而实现监测、控制、自动化、智能化的功能。

物联网的应用有助于改善教育环境、提高教学效率、创新教育载体。首先，要加强物联网的基础配套设施建设，加大教学设备的投入力度，做好顶层设计。其次，教师要转变教育理念，顺应网络化、数字化、智能化的教学方式。最后，在推动物联网变革教育的同时，还要促进教育产业反哺物联网产业的进一步发展。而搭建高校思想政治教育的物联网平台则是在构建智慧校园的基础上，进一步开发物联网的思想政治教育功能。

2. 建设高校思想政治教育的虚拟仿真平台

VR 技术又被称为虚拟现实技术，是一项融合三维立体显示技术、数字图像处理、传感技术、仿真技术、人工智能技术等多种信息技术的集成性技术。它可以通过虚拟现实眼镜、数据感知手套、外接式头戴设备、VR 一体机等，创造一个可交互的，具有视觉、听觉、触觉、嗅觉的虚拟世界，给人以身临其境的感受，是一种新的人机交互方式。2019 年 8 月，中共中央办公厅、国务院办公厅发布的《关于深化新时代学校思想政治理论课改革创新的若干意见》，意见中指出要推动人工智能等现代信息技术在思想政治课教学中的应用，建设一批国家级虚拟仿真思想政治课体验教学中心。这是一种新的思想政治教育载体，它可以大大改善目前思想政治课枯燥、被动、实效性低的情况，将会对目前以多媒体教学为主的思想政治课堂产生重要影响。

虚拟仿真平台可以看作智能系统上应用层的"软件"，既离不开物理层物联网平台的基础设施支持，也离不开数据层大数据平台的数据支持。有了全校互联的物联网平台和大数据平台，才能因材施教根据大学生综合表现出的实际情况开发出所需要的虚拟环境。高校思想政治教育掌握了主动性和针对性，才能因地制宜，进一步促进其实效性的增强。

虚拟仿真平台的开发与普通软件开发的流程相似，不同之处在于采用 VR 技术搭建的体验平台有其独特的性质，具体表现为沉浸性、交互性、构想性。所谓沉浸性是指该平台可以使大学生沉浸在它所构造的虚拟环境中，并且可以在身体和心理上获得真实世界的体验和感受。交互性是指大学生可以通过外接设备感受、体验、控制虚拟环境，同时获得虚拟环境的反馈。构想性是指利用虚拟环境的虚拟性，大学生可以发挥想象力，针对历史事件的进程加以猜测和模拟。

同时，虚拟仿真平台还具有可重复性、安全性和训诫性。其可重复性是显而易见的，可以利用计算机以较低的成本创设教育环境，且能够让学生重复体验。安全性是指在虚拟环境中，不会因为错误的决策和体验而伤害自身和其他人。训诫性则是思想政治教育所特有的专业特性。

除此之外，整个平台从设计到实施都需要思想政治课教师的参与。虚拟仿真平台有其专业的特殊性，除了虚拟环境的创设需要技术人员的支持外，还存在对历史事件真实性的模拟、对政治事件的敏感度把握、对伟大人物的塑造、对马克思主义原理的理解、对时事政治的评价等问题，这些都对平台的专业性、资源性、准确性等提出了更高的要求，因此需要思想政治课教师的全程参与，需要教师将自身对于思想政治理论课程的理解转移到虚拟环境，并较好地体现在虚拟仿真平台上。

第六章　基于大数据的思想政治教育模式创新

大数据时代的来临，给人们的工作和生活带来了深远影响。高校是我国培养综合性人才的主阵地，将大数据渗透到高校思想政治教育中，为高校思想政治教育提供良好机遇的同时也带来巨大的挑战。因此，高校教育工作者应树立大数据意识，并以此对教育模式进行创新，增强高校思想政治教育的实效性，从而推动高校思想政治教育的长远发展。本章分为大数据思维与大数据价值、大数据带来的思想政治教育新契机、基于大数据的思想政治教育模式创新路径三部分。

第一节　大数据思维与大数据价值

一、大数据思维

所谓大数据思维，是指一种意识。伴随大数据产生的大数据思维是人类为解决大数据带来的数据采集、数据处理和结果可视化等问题而出现的，是大数据技术应用的前提。大数据思维是基于大数据信息技术所形成的基本立场和思维方法，是一种具有总体性、包容性、相关性等特点的思维范式。

大数据时代的到来，深刻地改变了我们的生活、工作和思维方式。大数据时代，人们对待数据的思维方式发生着重大转变：第一，分析问题时，处理的数据不再是少量的样本，而是全部数据；第二，要分析所有数据，自然接受数据的繁杂性，不再一味追求精确性；第三，大数据的处理难度大，不再只探求因果关系，更多关注事物的相关性。随着人们对大数据认识的不断深化，人们的思维方式正由机械思维转向大数据思维，这才是本质上的变化。

大数据是建立在掌握所有数据，至少是尽可能多的数据的基础上的，所以我们就可以正确地考察细节并进行新的分析。我们现在可以收集过去不能收集的数据，可以不依赖于样本抽样调查，用一种宏观性的视角来获得和分析更多的数据资源，可以挖掘更多不容易捕捉的信息，更清楚地揭示微观层面的信息。随着信息技术的不断发展，可以更快捷、更科学、更全面地获得相关的数据信息，样本分析将最终被抛弃。当今时代，思维方式正由样本思维转向总体思维，帮助人类更全面、系统、及时地认识当今社会的发展状况。总体性思维可以助力思想政治教育的顶层设计。

二、大数据思维与传统思维的区别

大数据思维与传统思维的区别有三点。一是大数据思维是全局思维，而传统思维是随机性思维。依托现有的云计算、云存储等技术手段，现代人们在做数据分析时可以对全部数据进行采样分析。每一个数据接受同样的分析和统计，每一个数据理论上都会对最终结果产生影响，因此尽量将全部数据列入统计分析才能保证结果的精准和完整。随机性思维采取随机抽样调查等方式，得出的分析结果存在较大的误差风险。二是大数据思维是一种相关性思维，而传统思维是一种因果关系思维。大数据思维借助海量数据统计方法，揭示出许多仅凭历史经验和个人判断无法发现的事物之间的规律和联系。传统思维则是因果性的，关注的是两者之间存在的直接或间接关系。大数据思维提醒人们不要忽略身边任何一个看似毫无关联的事物。三是大数据思维是混杂性的，而传统思维则是精准性的。大数据思维因为调查分析的数据来源多样，因此数据的种类、形式各有不同，混杂在一起，凸显出数据分析的广泛性，而传统思维则只针对单一来源数据进行分析，且对分析数据格式有要求，若格式不一样，将无法进行比较分析。

综上所述，大数据思维较传统思维更加能够揭示客观世界的本真，精确找到问题根源，为科学决策提供可靠的依据参考，可见，大数据思维明显优于传统思维。在当今社会竞争中，数据成为最重要的生产要素，而大数据思维则是解锁这种新生产要戴的密码，不断完善大数据思维，才能在未来竞争中居于不败之地。

三、大数据思维在思想政治教育中的价值

（一）整体性思维促使决策科学化

随着科学技术的快速发展，经济全球化的步伐越来越快，各种文化影响着大学生的思想观念，大学生思想政治教育面临着巨大的挑战。准确掌握思想政治教育的整体情况，是实现科学决策的重要基础。传统的思维具有局限性、片面性、孤立性，不能为思想政治教育工作实现精准施策，对思想政治教育的发展产生一

定的不利影响。大数据思维是基于大数据的思维方式，大数据具有丰富的数据资源，分析的范围更广、分析的程度更深，可以完整展现研究对象，提供有力的信息支撑。以往，由于数据的采集、分析、挖掘等方面的技术不够先进，受限于传统思维，大家已然习惯于小样本分析，具有很强的局限性，客观性不强，不能真实反映问题。受传统思维的影响，分析存在着两个问题：第一，传统抽样调查的内容涵盖不全、手段落后、范围限制，收集到的数据永远只是部分，部分不能代表整体，得出的结论存在偏差，最终会影响整体判断。第二，传统调查受人为因素影响很大，都是有目的、有意识地进行访谈、问卷等，大学生有意识地积极配合，结果所反映的真实性和可信度比较低，根本了解不到大学生的真实情况。大数据时代来临，思想政治教育面临着庞大的数据流，拥有着实时更新的数据库，掌握着动态运行的现实图。大数据背景下，一定要树立"样本＝总体""样本内容＝全部数据"的思维方式，全样本的分析就是"一座等待开采的金矿，具有发现问题的无限可能性"，通过分析能真实反映出事物发展的规律，让思想政治教育的决策更加科学化。

当然，海量的数据中也充斥着一些错误、无用的数据，不要一味地追求局部精确的数字，应从样本思维转向总体思维，从而全面认识和了解思想政治教育的总体状况，在宏观上获得更多、更好的数据信息，整体把握发展脉络，让思想政治教育决策系统更加科学化，不断增强思想政治教育的实效性。

（二）混杂性思维助推教育个性化

传统的思想政治教育中，由于各项技术非常有限，收集的样本信息非常有限，力求数据的精确，降低样本结果的误差，人们处理问题都采用一种精确思维，不能容纳其他不能确定的信息。教学大班制、教育模式程序化等都是精确思维的表征，其结果就是无法尊重个体差异，教育教学的效果自然比较差。进入大数据时代，信息技术快速发展，大量结构化、非结构化的数据存储于数据库和云端，记录着每一个人的各项记录，如购物记录、出行轨迹、网页浏览痕迹都会被记录。面对混杂的数据，我们应该进行数据的分析、甄别、转换和挖掘，将这些数据进行可视化处理，从而为广大思想政治教育提供非常翔实的信息参考。在这些个性化的数据基础之上，教育者可以更有效地施行个性化教育，结合大学生的思想动态、行为习惯、心理状态、年龄层次等，为他们提供更为个性化的思想政治教育的可行方案。

（三）关联性思维促进教育现代化

把握事物存在的关系状态，从寻求因果关系到寻求相关关系的转向是大数据思维的显著特征，最能体现大数据的时代性。传统数据时代，信息技术还不够发达，思想政治教育样本数据量少，无法对所有数据进行分析、挖掘，这个时候我们只能依据问题需要，事先假设原因，再进一步论证，去尝试探索和验证思想政治教育规律，这就是传统的思维方式最典型的因果关系。传统的思维方式具有显著的局限性，预先的假设存在一定的风险，假设如果不能成功验证，之前的工作容易付之东流，即使验证成功，这种所谓的因果关系也会随着时间、环境等的变化而变化，这就需要重新假设和求证。思想政治教育是一个非常复杂的系统，既需要社会平行子系统的相互配合，也需要教育主体、客体、载体和环境等内部各要素的良性互动。传统时代，因为样本数量有限、信息技术水平不高，不能真实反映出思想政治教育系统内外、各要素之间的相关关系。

大数据时代，需要处理的数据变得更为庞大、更为繁杂，简单追求思想政治教育的因果关系已不能适用，而是要探寻相关关系，这种关联性让我们获得了更多有价值的信息。人们不需要纠结"为什么"，只需要通过大数据分析获知"是什么"，就可以得到非常有价值的信息。面对海量的全样本数据，我们可以便捷、准确地挖掘出更多有价值的数据，这一切都源于混杂数据间的关联性，相关性不能告诉我们某件事情为何发生，但可以告诉我们某件事正在发生。新时期，思想政治教育应充分运用关联性思维，变革现有的因果关系思维方式，更多关注数据间的相关性，善于把握教育规律，促进思想政治教育的现代化。

第二节 大数据带来的思想政治教育新契机

一、提升了思想政治教育资源的共享性

大数据时代，思想政治教育联动机制的构建，给资源共享带来了新机遇。

（一）丰富资源共享的内容

大数据技术具有收集、储存海量数据的功能。通过大数据技术与互联网之间的耦合，有效联合校园内外、课堂内外、线上线下的数据教育资源，丰富高校思想政治教育资源共享的内容。同时，大数据技术的应用，伴随着网络、人工智能等新兴技术的引入。这些新技术的引入，拓展了教育空间，革新了教学模式，提

供了共享平台。此外，高校思想政治教育联动机制系统内的内容联动、主体联动等子系统的高效运行都离不开教育资源的共享问题。高校思想政治教育联动机制的构建，为丰富教育资源共享的内容提供了必要性。

（二）提高资源共享的速度

大数据技术的特征之一，就是数据处理速度快。大数据技术的引入，能够提高思想政治教育相关数据的处理速度，加快这些数据在各类教育主体之间的共享速度。主体联动机制的构建，清除了高校思想政治教育主体之间的交流屏障；内容联动机制的构建，为高校思想政治教育资源之间的协同创造条件。

（三）提升资源共享的价值

大数据技术使得不同国家、不同地区、不同高校的思想政治教育资源的整合、联动、共享成为可能。大数据具有关联性分析、预测的功能，通过对学生日常生活和学习的相关数据进行关联分析，预测学生未来的思想变化方向和学习偏好，以此作为配置教育资源的重要依据。资源联动机制的构建，为资源的共享提供了机制保障作用。构建资源联动机制，有利于增强思想政治教育资源配置的科学性和合理性，为提高资源共享的价值提供无限可能。

二、增强了思想政治教育理念的协同性

思想政治教育理念是对教育目的、原则、本质、任务、规律等内容的一般性概括和整体性审视。对于思想政治教育的创新发展，理念革新是头等大事。

（一）以"课程"促"协同"

高校思想政治教育的课程教学不仅仅局限于思想政治理论课之中，还应落实到每一门专业课课程之中，"课程思想政治"建设确有必要。在主体联动机制中，教师队伍的构建，为"思想政治课程"和"课程思想政治"的相辅相成提供了人员保障。在内容协同机制中，基于教育新变化，制定符合时代要求的课程内容，实现课程内容的全方位协调联动。主体联动机制、内容协同机制的构建，促成教育合力，增强了教育理念的协同性。

（二）以"共性"促"协同"

高校思想政治教育系统涉及面广，庞大且繁杂。系统中的各个主体有自己"和而不同"的目标导向，主体基于自身目标的不同，就可能导致"各自为政"的混乱局面，成为协同育人目标实现的"绊脚石"。联动机制就是要寻找共性，促成

合力，开创协同育人新局面。

（三）以"机制"促"协同"

联动机制，涉及要素、机理、运作、保障、动力等方面的内容，机制的构建与高校思想政治教育理念相契合。在联动机制中，各要素之间互相配合、相互协同，增强了思想政治教育理念的协同性。

三、加深了思想政治教育内容的衔接性

思想政治教育旨在传输给学生思想观念、政治观点和道德规范等信息。选择思想政治教育内容时，需要进行有层次、有重点、整体性的规划。

（一）以"预见"促"衔接"

高校思想政治教育的教育对象分为不同的学历层次，因此高校思想政治教育的教学内容就应有所不同。大数据技术可以全方位地收集学生数据，并以此分析、预测学生的思想动态和学习偏好。借助大数据的分析、预测功能，先见性地制定符合学生思想需求的教育内容，从而提升教育内容的衔接性。

（二）以"协同"促"衔接"

联动机制的构建，有利于形成管理协同、主体协同格局，改变了教育领导、管理、监督等部门之间"各自为政"的局面，为衔接思想政治教育内容创造条件。高校思想政治理论课教师是高校思想政治教育的主导者，教育内容是否具有衔接性，教师是重点。联动机制的构建，打破了各教学阶段教师"各行其是"的僵局，形成了主体协同新格局，促进了高校思想政治理论课教师之间的交流协作，从而提升了教育内容的衔接性。

（三）以"联动"促"衔接"

高校思想政治教育内容以教材内容为根基，教材内容的衔接性既包含着各教学阶段的纵向衔接，也包含着各课程之间的横向衔接。高校思想政治教育主体联动机制的构建，能够满足教育内容的纵向衔接，内容联动机制的构建能够满足教育内容的横向链接。通过"联动"，实现纵向衔接和横向衔接双向发力，从而提升思想政治教育内容的衔接性。

四、突出了思想政治教育方式的创新性

（一）提供了新载体

首先，改变了教师单方面主导课堂的局面。传统教育方法是单向的、灌输式的，这种教育方式虽然可以促进学生对知识的掌握，但不利于调动学生的主体性。大数据技术打破了传统思想政治教育方式的桎梏，为教师转变教育方式提供了契机。教师运用大数据技术收集、整理学生生活中方方面面的数据，准确把握学生的思想动态和学习偏好，改变以往的教育方式，进行有针对性的教学。

其次，大数据技术给学习带来了便利。大数据时代，学生通过网络获得自身学习所需要的信息。层出不穷的学习软件、日新月异的学习数据，革新了学习方式，促进了思想政治教育方式的创新。

最后，大数据的运用丰富了思想政治教育网络教学的方式。大数据技术日益发达，翻转课堂、慕课、云班课等教育平台不断涌现，延伸了教育空间，打破了传统课堂教学的僵局，激发了学生的学习热情，提升了育人实效。

（二）延长了时效性

教育方式是否有效，取决于对学生思想动态的把握程度。多个主体、多个领域、多个环节，就意味着所涉及教育数据的庞大、繁杂。以往的数据收集、储存、分析，意味着大量人力、物力、财力的投入，意味着漫长的时间投入，这就导致了思想政治教育忽视数据的重要性。大数据技术的出现，彻底改变了这一现状。

利用大数据技术，及时地收集学生学习、生活等方面的信息，准确把握学生的思维动态。透过这些及时的数据，找到高校思想政治教育现存教学方式不能满足学生学习需求的"症结"何在。然后"对症下药"，按需供应。

五、塑造了智慧化思想政治课教学生态

随着大数据技术的广泛应用与蓬勃发展，以数据驱动教学成为未来教育的主要特征。从教育生态学的视角讨论思想政治教育大数据的应用价值，可以发现大数据推动思想政治课教学过程中各个生态因子的变动与重新整合，使之在相互协调中相生相长、在功能转换过程中产生各种联系，使其功能关系发挥到最好，从而推动思想政治课智慧化生态系统的形成与良性循环。

首先，促进教师的专业化发展。教师作为思想政治课的活动主体，是学生学习活动和生命成长的引领者以及教学效益的促进者，其核心素养的提升十分关键。巨量的数据信息喷涌而至，加快了知识流动的速度，知识间的有效关联推动了知

识的传递与创新，对人的成长和发展产生巨大影响，成为促进教师专业化发展的动力源泉。得益于大数据技术，教师能不断提升自身的专业素质和教学水平，提高教学探究能力和自我反思能力，开拓思想政治课教学的新理念、新方法、新途径，提升思想政治课的教学效果。具体表现为大数据提供了丰富的课堂资源，保证教师获得有教育价值的数据信息；多元主体协同打破了教师合作学习的盲目性和孤立状态，引导教师共享教学智慧，营造合作氛围，促进思想政治课教师队伍的"成长性"发展。

其次，打造思想政治课动态交互的新生态。大数据时代，个性化教学方案与学生知识需求的联系愈发紧密，加之各种媒体信息技术的介入，高校思想政治课课堂呈现出由知识本位向师生共同体本位蜕变的发展趋势，传统的"一言堂"向师生互动探究、共同成长的生态课堂转变。而大数据与思想政治课教学的深度融合，通过大数据平台构建协同、开放、共享的教学新生态，成为思想政治课教学改革的必然选择。大数据平台赋予师生以一种平等对话的合作关系共同参与育人活动，在教学目标的指导下，依据教学内容，由教师群体和学生群体在相应的环境中动态、交互地开展教学活动，与传统课堂形成良好互补，实现线上、线下的平等交互，以及线上学习、交流与线下教学实践的有效衔接。

最后，形成思想政治课个性化教学的新生态。大数据时代，可以随时随地获得丰富的学习资源，推动学生知识的学习。可以看出，在数字化育人环境中，海量数据为学生开辟了多种获得知识的途径，数据的广度使得学生获取知识的表现形式也呈现出多样化特征，类型多样的学习媒介和学习资源为其学习兴趣的培养和个性化学习创造条件，实现教学目标与学生群体知识水平的动态平衡。同时促使思想政治课教师立足常态课堂教学，最大限度地营造智慧课堂。

思想政治课教师所具备的大数据意识和大数据思维帮助其找准增强课堂教学实效性的发力点，汲取学生行为数据中隐含的信息，找准学生的障碍点和薄弱点，快速精准地构建教学策略。

六、促进了思想政治教育管理技术精准化

（一）大数据精准识别管理目标定位

管理目标在思想政治教育工作管理中居于核心地位，具有指向作用和推动作用。换句话说，思想政治教育管理的所有内容都是围绕管理目标进行的，最终需要获得的结果也是完成既定管理目标。

大数据的出现，为思想政治教育目标精准管理增添了管理优势。传统思想

政治教育管理目标的设定者、实施者以及评价者均为同一管理者，换句话说，管理目标的实现与否极大程度依赖于管理者自身的能力。同时，在目标管理实施的过程中较少会受到其他人员的影响，这将会形成两方面的影响，一方面提高制定管理目标的效率，另一方面减少了沟通交流，可能会产生管理目标制定不当的影响。运用大数据技术，既保持原有效率，又较好地弥补了之前的缺陷。管理者通过对大量学生数据的分析、比对，使设定的管理目标在程序上优于原有的方式，也调动了思想政治教育管理者管理的积极性。

大数据的出现，为思想政治教育目标精准管理提供了最为合适的管理方法。思想政治教育管理目标分为远期目标、中期目标、近期目标。远期目标又被称为总目标，即为了实现思想政治教育管理培育社会主义建设者和接班人的目标；中期目标又被称为具体目标，即完成大学生在大学四年的思想政治教育管理工作，帮助大学生树立正确的思想观念；近期目标又被称为个人目标，即实现管理者的管理目标。大数据对于目标管理提供了管理方法，提供了把握目标之间关联性的"钥匙"。大数据采用技术的手段，将目标信息数据化的同时扁平化管理目标，发现目标与目标之间的相通性，加深思想政治教育管理者对于目标管理、目标设定、目标实践、目标评估的理解。

（二）大数据精准供给管理服务内容

思想政治教育管理服务工作要做好三点工作。一是把握大学生的思想要求。大学生需要什么，思想政治教育管理工作提供什么，了解大学生的思想需求是第一步。现代的大学生思想动态变化快，给大学生思想政治教育管理工作带来新的挑战。面对挑战，大数据必须发挥作用。思想政治教育管理者借助大数据技术，将大学生宿舍、图书馆、线上、线下等各类数据进行重组，进而形成可视化图像，将数据转化为学生的思想动态值，如此才能把握好"需求端"，进而解决供给端的问题。二是更新相应的供给服务。多元主体的需求多样化，要求供给内容多元化。借助大数据技术洞察大学生对于思想政治教育管理的需求，管理者及时调整管理方式以及策略，把握不同时期大学生的思想特点。例如，在对贫困生的资助方面，现在的大学生有比较强烈的尊严感，一些高校在进行贫困资助时通过运用大数据的方式，构建"学生家庭经济困难程度量化模型"，用数据治理推动资助育人精准化，加强思想政治教育的精准管理。三是实现思想政治教育管理的长期供需平衡。思想政治教育管理着眼于当下，不可避免地只能保持短暂的供需平衡。借助大数据技术，能够使大学生的思想动态需求侧与管理者的供给侧同步发展，最终达成长期的供需平衡。

（三）大数据精准提升管理工作效率

运用大数据技术，可以提升工作效率，推动思想政治教育管理工作的落细、落实。

第一，大数据能够缩减工作所耗费的时间，进而提升思想政治教育管理工作的效率。大数据技术实际上是科学技术的体现，将大数据运用于思想政治教育管理工作中，其实质是将科技的力量融入其中，提升思想政治教育管理的效率。科学技术是第一生产力，融入技术手段能够为管理活动提供较为合适的数据获取、数据处理、数据分析的途径。针对思想政治教育管理而言，大数据能够方便、快捷地获取大学生的校园卡数据信息，根据数据与数据之间的关联性，能够挖掘大学生思想动态的变化情况，这对于思想政治教育精准管理者而言大幅度地缩减了工作时间，提升了工作的精准性。

第二，大数据推进思想政治教育管理工作的质量提升。管理工作不仅要看数量，更要看质量，质量的提升对思想政治教育管理具有重要作用。大数据能够积极响应大学生的思想需求，预测大学生提出的思想政治教育管理活动的诉求，以便及时地为大学生提供相应的思想政治教育管理服务，使思想政治教育管理者能够挖掘大学生的现实需求，将对大学生的思想政治教育管理从事后转为事前与事中。

第三，大数据有利于分析思想政治教育管理工作的未来发展趋势，引导思想政治教育管理向着更人性化、更有温度的方向发展。思想政治教育管理工作的主要对象是大学生，在大学阶段，大学生群体不仅有获得知识的需求，还有感情需求。在对大学生进行思想政治教育时，要求管理者从人性化的角度进行，在对数据进行合理分析后得出数据背后的思想信息，进而有针对性地展开思想政治教育管理活动，使之朝着更人性化、更精准化的趋势发展。

七、增强了思想政治教育的人文关怀

思想政治教育是对人的道德观念、思想观念、行为实践起到一定的匡正作用的教育，关注人的个体需要、自我价值和人格尊严，强调促进人的全面发展。思想政治教育大数据的应用创造出丰富的数据资源、多元的教育载体、超时空的教育场域、个性化的教学方法，为思想政治教育转变人才培养方式、加强人文关怀开辟更为广阔的价值空间。

首先，思想政治教育大数据的应用丰富思想政治教育人文关怀内容。思想政治教育内容主要呈现为心理情感、思想观念、精神品格、行为规范四种形态，包括世界观教育、政治观教育、法治观教育、人生观教育、道德观教育等。随着知识的不断产生和创新，思想政治教育的开放性内容框架将会更加完善。大数据的巨量性能够为思想政治教育提供超容量的教学内容，囊括了政治、经济、文化、艺术等各个方面。开放的知识平台和信息库可以对教育内容进行优化和整合，更加符合学生对知识获取、素质提升、技能习得的需求。利用大数据技术将刻板固定化的教育内容通过文字、图片、视频等形式展现在教育对象面前，展现思想政治教育强大的资源优势。生动化的语言、立体化的展示、简洁性的文字使得教育内容形象化、具体化，更加符合当下大学生群体的个性化追求。

其次，思想政治教育大数据的应用拓展思想政治教育人文关怀载体。思想政治教育活动的开展离不开一定的思想政治教育载体，其运用的合理性直接关乎活动效果。大数据时代，思想政治教育载体获得新发展，呈现出多样化发展、分众化发展、互动性发展、融合式发展的新态势。思想政治教育大数据平台集传统媒体载体的传播优势为一体，时效性强、覆盖面广、传播速度快，能够承载和传递具有时代特点的思想政治教育信息。平台所具有的强大的交互性为教育者与教育对象全方位地沟通和交流营造了有利的空间，扁平化的传播模式模糊了教育者与受教育者之间的界限，削弱了教育者的课堂权威性，联络和维系着二者的情感，成为思想政治教育新的载体形式。

最后，思想政治教育大数据的应用拓展思想政治教育人文关怀场域。思想政治教育以往局限于固定的时间和规定的地点，不能充分关心教育对象丰富多样的个体需求，忽视了个体差异，难以实现差异化和个性化的教育。大数据对思想政治教育的赋能进一步打破了教育场域界限，教学地点从以线下教学为主的第一课堂迁移至以线上学习为主的第二课堂，实现课堂教学和课外自主学习的结合。大数据平台彻底改变思想政治教育的时空场景，使得育人场域更加灵活、开放、多元，能最大限度激发教育者和教育对象的主动性、积极性、创造性，促进其自由全面发展。

八、助推了思想政治教育的现代化发展

思想政治教育现代化是一个螺旋式上升的过程，需要不断凝结现代化进程中的实践创新智慧。大数据技术正以一种嵌入式形态不遗余力地推动思想政治教育信息化进程，并在信息化进程中以现代化的理论建构、教学实践和治理推进加速实现更高层次的思想政治教育现代化。

思想政治教育工作者不仅要通过技术渗透解决思想政治教育的实际问题，同

时也需要满足实践创新的成果转化需求，积极推进数智融合时代的思想政治教育理论创新。思想政治教育大数据实现了技术与学科之间的连接，因而，既需要从技术革新视角研究技术对思想政治教育系统内部的颠覆与重构，也需要从学科本位视角对思想政治教育理论进行重新构架和整体规划，不断拓宽思想政治教育的研究视野和理论范畴，构建现代化的思想政治教育理论体系。智能时代在加速颠覆教育模式的同时，也将为实施教育提供全新的联结理念与技术支撑。

思想政治教育大数据不只是一种形态，更是从思想政治教育与技术融合的具体路径出发，依据社会、技术、人的现代化特点革新知识获取的渠道和交互方式，助力思想政治教育现代化教学实践。课前，实时的数据收集和自动分析能够帮助思想政治理论课教师更加深入地了解每位学生，依据其特点做出更加精准的教学规划，让因材施教成为可能。课中，线上与线下结合的教育空间打破时空壁垒，原本相对孤立的教学信息或学习信息得以联结并即时共享，自由而平等的交流促进学生的知识构建与智慧发展。课后，通过跟踪记录学生学习的全过程，极大地增强教学评价的准确性和科学性，并依据预判随时调整教学策略，助力学生的知识优化与思想进阶。

此外，思想政治教育大数据有助于推进思想政治教育的现代化治理。现代信息技术帮助思想政治教育构建更加完善的治理框架，推动思想政治教育治理能力和模式创新。信息的准时获取和精确传递，使得思想政治教育管理者可以及时发现和处理思想政治教育领域出现的问题，实现动态治理。可长期追溯的多维信息改变对资源匹配的依赖状况，让现实资源更好地匹配和适应思想政治教育治理需求，增强治理的精准性。

第三节　基于大数据的思想政治教育模式创新路径

一、大数据思想政治教育模式的创新原则

（一）教育主体实现主体性与主导性相统一

主体性是思想政治教育者、受教育者和教育活动的主体性的总称。主导性相对多样性而言，指流动性和指向性。实现主体性和主导性相统一，即在坚持思想政治教育主体性的前提下，巩固社会主义意识形态的领导地位。同时，在坚持主导性的原则下，保证受教育者的主体地位。

一方面，教育者要提高教育服务意识，发挥好主导作用。在传统思想政治教育教学中，以教师为主体，教师主要关注课程学习进度、教学目标任务、教学评估效果等。相反，对于学生个体的差异关注较少。而且在教学中，教师常常循规蹈矩利用自己过去的经验来展开教学，导致较难达到预期的教学目标。在大数据时代，教育者能充分得到软硬件的支持，收集并分析学生的所有数据，更有权威性和科学性。教育者可以对大数据进行个性化、差异化分析，深入挖掘数据所传达的真实信息，准确掌握学生的思想动态、情感态度、行为特征，从而制定个性化的教学方案，最大限度地将思想政治教育的理论知识和实践教学渗透到学生的各个学习阶段及其发展的整个过程中。教育者应充分利用多媒体课件和数据教学资源，以此来提高大学生群体对于思想政治教育学习的主动性。如此一来，既培养了大学生独立思考的学习能力，又提供给教育者真实有效的学生情况，从而进一步改进教学工作和教学方法。这既满足了高校受教育群体个性化成长和培养自身综合素质同步发展的基本需要，又不断推动我国素质教育目标的逐步实现。

另一方面，教育者在坚持主导性的同时，也应保障受教育者自主学习的权利。在传统的思想政治教学实践中，学生往往都是被动接受教育，而且所能接触到的知识都是教育者所传授的内容，受到传播渠道和学习观念的限制，难以拓宽自己的知识面。但在大数据时代，发达的网络技术、普及的设施终端、丰富的功能软件，拓宽了学习渠道并激发了学生自主学习的兴趣，使学生能主动积极地获取知识。学生可以根据自己的实际需求和课程结构特点，使用网络上的高质量知识。大数据时代的思想政治教育能保障学生学习的自主权，使学生与教师进行平等交流，营造了温馨和谐的教学氛围。

在传统的教育背景下，教育者的付出与受教育者的收获有着一定差距。教育者在课前需要花费大量的心血去认真备课，但在学习效果展示、知识应用与实践等方面的思考尚有欠缺。大数据背景下，教育者仍需发挥主导性作用，在保证自身主导地位的同时，也要充分尊重受教育者的权利。在整个学习的过程中，教育者可以较多地使用数据信息资源进行教学，挖掘数据背后的有效价值，分析学生的课堂表现，了解学生对概念知识、理论要点的理解与掌握的程度。

（二）教育内容实现文本范式与数据范式相统一

传统思想政治教学作为教育者获取和收集受教育者信息的重要途径和渠道，主要通过课前注册登记、课堂表现、课后反馈以及教学评价等形式进行，但通过这些途径和手段所了解到的信息往往是局部的、表面的甚至可能是不真实的，导致受教育者的思想动态无法被完全掌握，给教学活动的开展带来了挑战。随着大数据技术的广泛运用，强化了教育者对受教育者的充分理解，丰富了教育教学的内容和方法。大数据的特点除了数据信息量大，还有数据信息的重复再现，比如受教育者的出勤率、学业成绩、图书借阅情况、网络行为等信息重复再现，这些多次出现的数据可以反映受教育者的思想素质和行为动态，蕴含着巨大的价值。当下，教育者需要挖掘这些数据背后的真实有效价值，而不是简单地把所收集的大量数据毫无规律地罗列出来，使这些信息能在教育教学的过程中成为打开学生内心的钥匙。微博、微信和 QQ 等社交软件，抖音、快手等热门视频软件，正在逐渐影响着学生的日常生活。他们关注社交新闻、舆论热点、时尚潮流等，并在社交平台上发表自己的观点，倾诉自己的情感态度。对于学生使用社交软件的定位地点、网页信息的浏览等操作内容，大数据可以通过重复再现，总结出受教育者的学习时间、学习内容、学习兴趣等。数据信息与思想政治教育的有机结合实现了内容交叉验证的功能，教育者可以通过收集和处理数据来统计学生的出勤频率、学业成绩、知识掌握程度、学习时间、学习效率、学习兴趣等内容。将这些内容结合起来综合分析并评价学生的学习情况，并以此推动教育者丰富教学内容，科学优化评估学生的各项指标，使得以期末考核成绩作为唯一评估学生学习状况的时代已经过去。总之，高校思想政治教育者可以利用学生的网络行为习惯、浏览内容、态度立场、评价内容、学习兴趣等多维、全面、有效的大数据信息来真正了解受教育者的思想动态，及时开展有针对性、有目的性、有实效性的思想政治教育。

新修订的《普通高等学校辅导员队伍建设规定》中重点增加了辅导员关于大学生学风建设、网络思想政治课程教育和实现中国梦的专题宣传教育，更是从侧面着重凸显了思想理论教育的宣传作用和社会主义核心观念价值引领的职责。新时期下，由于大数据技术的支持，大学生可以轻松便捷地获取数据信息，可以通过电脑和智能手机等移动硬件设施，实时了解国内外新闻和各种社会热点事件，在社交软件平台上留下思想行为动态。高校思想政治教育工作者应当将这些数据媒介平台与以传统理论为主的教学理念相融合，将社会生活中丰富的教育内容纳入课本教学中，使用大数据资源来拓展思想政治教育的内容，使之更具有科学性和说服力。总之，高校思想政治教育内容随着时代的进步和科技的发展而变得丰富多彩。

二、大数据思想政治教育模式的创新路径

（一）思想政治教育工作者要贯彻大数据理念

理念是行动的先导，要想有效地运用大数据，需要从树立大数据思维、注重数

据之间的相关性、注重数据的整体性三个方面出发,使教育工作者贯彻大数据理念。

1.思想政治教育工作者要树立大数据思维

思维意识是行动的先导,教育者应树立正确的大数据思维,增强数据信息的敏感性。教育者要在大数据时代转变自身传统的思维模式,树立开放的思维理念,强烈认同数据资源的价值,认可大数据在改善现有教育方法上的价值,同时对教育方式的创新有强烈的愿望,愿意破解思想政治教育工作中的低效能教育路径。教育工作者还需要注重培养自身的大数据的处理能力,将大数据技术运用到思想政治教育中,从而不断增强思想政治教育的针对性、时效性、个性化和前瞻性。

教育工作者要想树立大数据思维可以从以下几点做起:首先,教育工作者要注意关注网络上的新闻动态和时事热点,关注网络上的思想政治信息。在与学生交谈新颖的热点事件的同时,潜移默化地引导学生树立正确的价值观,这样的教育方法更易于学生理解和接受。其次,教育工作者要扩大自己的信息来源渠道,加强自身的知识储备。教育工作者要学会在网络上通过多种方式寻找自己所需要的知识信息,积极探索、主动学习、实际应用,不断提升自身的数据素养。最后,教育工作者在具体的教学实践中不能再仅凭借经验和直觉进行教育决策,而是要充分利用数据信息进行更为科学和客观的决策。大数据的统计和分析技术让跟踪、记录和分析学生个体的数据成为可能。教育工作者通过对学生的基础信息、学习行为、消费状况、社交行为的数据分析,来获知学生个人的基本情况、了解学生的能力、发现学生遇到的问题,根据不同学生的不同问题提出有针对性的改进方案,全面深入地认识学生个体,从而实现对学生个人数据的全面把握,推动数据与教育的完美对接,促进学生健康发展。

2.思想政治教育工作者要注重数据之间的相关性

运用事物之间的相关性可以使我们挖掘出一些看似无关事物之间的联系,找到事物背后所反映的现象,探索出解决问题更为有效的方法。在具体的工作中,教育者应注重相关关系,根据已知的数据来调整工作。例如通过对学生图书借阅情况的数据分析,可以了解学生所关注的热点问题和学生的兴趣所在,教师可根据学生的喜好调整授课内容,增强教育工作的吸引力和感染力;通过统计学生参加的讲座、读书会等文化活动,可以得知学生参与课外活动的情况,从而变革各类教育活动的组织形式,丰富活动内涵,激发学生参与的热情,提高思想政治工作的影响力。

3.思想政治教育工作者要注重数据的整体性

数据的整体性是指从整体上关注数据，关注全体学生、学生全部过程的数据。将涵盖各个学生、学生各个方面的数据进行统筹管理，能够为各个部门的工作提供数据支撑，还可以得出学生思想行为的变化趋势，宏观上把握学生的动向，为学生制定符合其发展的方案。

高校思想政治工作者关注数据的整体性时应该做到以下几点：首先，思想政治教育工作者要注重数据收集时的整体性。过去数据信息处理技术较为有限，想要进行数据分析只能以随机采样的方式进行。大数据时代，教育工作者能够收集学生的全部数据开展思想政治教育工作，能够在细节处对学生进行考查。其次，思想政治教育工作者要注重数据分析时的整体性。全面收集学生的各项数据信息并不意味着在数据分析时也事无巨细一一核对，在大数据时代进行数据分析，教育工作者需做到既不被个别数据信息误导，也不遗漏重要数据信息，要从精确思维转向模糊思维，提升思想政治工作的效果。

（二）依托大数据创新思想政治教育实施方法

1.识别兴趣点

思想政治教育的基本方法包括理论教育法和实践教育法。当前大多以班集体为单位，统一开展教学活动，但班集体人数较多，教育对象存在一定的差异性，因此要提升教育的针对性。

利用大数据捕捉社会热点，提升理论教育的针对性。学校教育在教好书本知识的同时，更需要紧跟社会热点问题，尤其是与高校思想政治教育相关的热点话题。比如网络媒体中的图表数据等信息，利用大数据对其排序，可准确高效地捕捉网络燃爆点，将之融入高校思想政治理论课教学中，有助于提升思想政治教育的吸引力。在借助大数据分析的精准数据的基础上，教育主体要注意创新方法，提升教学的针对性。同时，在数据分析方面，获取到有效信息以后，要根据信息开展相应的思想政治教育活动，将相关热点引入教学过程中，在教育过程中既贴合学生兴趣又达到教育的目的，以此提升教育的针对性。

利用大数据提升志愿服务、社会考察等实践活动的针对性。由于大学生在思想上、学习上、生活上都存在差异，同一志愿服务活动的效果是不同的。为了使思想政治教育实践活动发挥其最大效能，思想政治教育主体可以收集学生对志愿服务活动的诉求数据，利用大数据筛选并分类，有针对性地开展相关活动。例如，根据数据呈现的不同学生之间的差异，设计几类富有代表性的志愿活动，让大多数学生都能有适合自身的活动，以此提升实践教育的针对性。社会考察活动是一种有目的地观察、研究社会现象，提高认识能力和解决问题能力的活动。社会考察活动是多种多样的，因此需要借助大数据精准识别学生的特点，分门别类地开展社会考察活动。同时，受教育者自身也可基于多样性、互动性的社会资源，选择适合自身的社会考察活动方式。大数据赋予思想政治教育更加个性化的分析方法，实现了"私人订制""个性教育"的可能。利用大数据可以依据受教育者的特点确定思想政治实践教育的目标和方式，提升实践教育活动的针对性。

2.把握诉求点

当前，思想政治教育方法中最通用的是一般教育方法，一般教育方法在实施过程中也存在一定的问题。随着时代的发展，大数据技术不断完善，为一般教育方法的创新提供技术支撑。

利用大数据把握学生的诉求，完善疏导教育法。要对教育对象存在的问题进行有效疏导，必须立足于对教育对象问题的分析，抓住思想发展趋势、有利时机和积极因素。作为教育主体，只有对学生的诉求进行精准把握，才能进行有效疏导，有针对性地解决问题。不同的问题呈现不同的表现方式，而大多数问题可以利用大数据进行量化。将存在的问题转换为数据，能够更加直观地获取信息。同时，针对学生出现的问题，要抓准时机，提前做好预警工作。利用大数据分析学生平时的生活习惯，以此判断最佳教育时机，择机而动，避免错过有利时机。

利用大数据进行精准分析、可视化呈现，完善比较教育法。使用比较教育法有助于思想政治教育者从正面和反面、相同点和相异点来全面深刻地分析相关信息，也有助于教育对象在比较中明辨是非，增强正确的思想政治教育观念。将两个及以上的思想政治教育信息、理论进行鲜明对比，通过大数据，全方位比较二者的差异，避免遗漏细节。对比完成之后，在传统呈现对比结果的方式上，利用大数据完成数据画像，用可视化手段呈现思想政治教育信息对比结果，确保对比结果更加清晰明了。

在传统的思想政治教育一般方法基础之上，利用大数据能够使得疏导教育法、比较教育法等方法更加直观地呈现问题，进一步提高问题解决的效率，创新一般教育方法。

3.整合网络教育资源

当前，学校教育以线下课堂教学为主，但也包括线上的思想政治教育。随着大数据时代和互联网时代的到来，高校学生花费在网络上的时间越来越多。互联网功能很多，受众面广，高校学生参与度高，为高校思想政治教育提供了新空间。我们要认识到当前教育方法存在的问题，利用大数据优化与创新教育方法。

首先，利用大数据创新网络思想政治教育平台，提升资源管理能力。网络空间是教育的新领地，可以利用其便捷的方式打造网络教育平台，开创教育的新平台和新方式，从而不断提升网络平台的吸引力。当前网络思想政治教育资源分散，缺少整合性平台。教师队伍要"利用互联网和大数据的高速度和海量性特点"，将思想政治教育相关素材上传至共享网络平台，提升资源的共享性。同时，依托大数据技术建立学校网格动态管理系统，加强网络思想政治教育资源的整合及管理。

其次，利用大数据创新高校虚拟实践教育方法。将大数据与网络媒介相结合，打造网络教育平台网站，开展多样的虚拟实践体验方式。例如，在调查并了解教育对象关注的与思想政治相关的内容之后，利用大数据打造契合教育对象的特色主题栏目，组织教育对象参与其中，创新虚拟实践教育方式。

（三）注重培养受教育者的数据素养

数据素养主要包括以下三个方面，分别是具备数据意识、理解数据知识和具有运用数据的能力。大数据时代高校应加大对学生数据素养的培育力度，使学生能够正确地运用数据资源来开展学习，提高学习效率。

1.提升学生运用数据进行自主学习的能力

学生不仅要掌握获取数据信息的能力，而且要掌握熟练运用数据信息的能力。在新时代，学生应掌握获取信息和筛选信息的能力，运用网络上优质、丰富的学习资源进行自主学习、思考和总结归纳。但是，要想运用好网络上的数据资源，首先需要使学生认识到学习是自己的事情，也就是要提高学生学习的自主性。学生通过主动学习，减少抵抗情绪，提高学习效率。其次，学生在网络上进行学习是一个独立的过程，这就需要学生根据自身的需要在大量的数据资源中找到适合自己的学习资料，摒弃误导性的数据信息，根据自己的时间安排学习进程，根据自己的能力拓宽学习深度。

2.针对不同学生群体开展多样化教育

进行数据素养教育首先要明确数据素养教育的目标，建立一个以拥有数据意识为先导，以了解数据基本知识为基础，以知晓数据使用规则和伦理道德为保障的数据素养教育课程体系。其次，可以将数据运用能力的培养嵌入思想政治教学当中，提高学生运用数据技术获取知识的能力，拓宽思想政治教育内容的广度和深度。最后，在日常教学过程中，可鼓励学生采用线上和线下学习相结合的模式，除在课堂上进行思想政治教育理论知识的学习之外，学生也可自由在网络上选用在线学习平台，通过网络上知识内容的补充来提升学习效果。

不同专业的学生由于其自身知识结构的差异，其数据素养也参差不齐。文科生善于发现、获取和积累数据，处理数据的能力较为欠缺。理科生善于自己通过实验来获取一手数据，能够对数据进行量化分析和处理。因此，应该针对不同专业学生的数据素养状况开展不同的数据素养教育课程，从而拓宽学生的知识覆盖面。不同年级的学生由于其知识和能力不同，其对数据素养教育的需求也不同。在开展数据素养教育时，应给低年级的学生安排基础课程，培养学生具备基本的数据意识；给高年级的学生安排数据分析、处理和评估等方面的内容，并将数据技能渗透到其专业课程的学习之中。学生掌握数据技能并将其运用于思想政治教育的学习过程中，能够显著提升思想政治教育的学习效果。虽然对不同学生群体数据素养教育的侧重点有所不同，但是全体学生都应注重数据伦理素养的养成，注重遵守相关法律法规，注重保护自己与他人的数据隐私，注重保护集体与个人的知识产权。

一个人的价值观影响着他自身的行为，高校应强化对全体学生的社会主义核心价值观教育，提升学生的思想道德水平，为学生数据素养的培育提供伦理道德保障。党的十八大报告从国家、社会和个人三个方面阐释了社会主义核心价值观，它既是对中国特色社会主义理论体系的丰富与发展，也是对马克思关于人类社会发展和科学社会主义理论的丰富和发展。在大数据时代，一部分数据信息是西方国家有意制造的消极信息，甚至是反动言论，这些言论在一定程度上会对社会总体的价值观念产生不利影响。因此，高校要加大宣传力度，当重大事件发生时，第一时间传播正向评论，掌握舆论主导权，让学生正确认识和了解事件原委，为学生正向价值观的培育和养成创造良好的校园环境。高校应为学生开展形式多样的社会主义核心价值观教育，使教育过程摆脱"假大空"的教育模式，增强教育的灵活性、新颖性和吸引力，把握主流意识形态。

3. 创建有利于提升学生数据素养的校园环境

高校作为人才培养的主要阵地，应重视学生的数据素养教育，努力建设一个法制化、规范化的数字化教学环境。

一是学校应加强监管，通过技术手段对学校网站进行监测，定期维护网络设备，清除掉有害的数据信息，营造一个绿色健康的数据环境。

二是教师在日常教学中，应有意引导学生规范地使用数据信息，不断提升学生的数据素养。

（四）完善大数据思想政治教育的评价体系

对高校思想政治课程进行评价旨在判断教育目标能否实现，也是衡量教育成效的一把标尺。《全国大学生思想政治教育工作测评体系（试行）》《高校思想政治工作质量提升工程实施纲要》等文件的印发凸显了评价对于整个思想政治工作的必要性。当前的大数据浪潮使得思想政治课程评价反馈得以优化，信息的数据化减少了评价过程的工作量，同时有助于动态收集课程全过程评价信息并调整相关因子，从而使评价的效率大大提高。

1. 发挥大数据优势，增强思想政治教育评价的客观性

高校思想政治教育的传统评价方法通常采用问卷调查、个别谈话等多种形式进行，以采集大学生的思想反馈，但由于主观性较强，不能保证学生评价的真实性。思想政治教育评价的客观与否，关系到其有效性的问题。在大数据背景下，教育者可以将微信、微博等各类社交媒体上的动态作为深入了解大学生思想动态的切入点，经过大数据技术自动把所得数据进行分析处理，得到关于思想政治教育效果的真实反馈。大数据下的思想政治教育信息来自各个平台的持续监测和自动化采集，例如慕课 App 中平台对使用者的各种学习行为进行连续监测并自动实时记录，生成个人学习报告，反映学生的真实学习情况。这些数据往往样本规模极大，包含了大规模互动且来自各类终端的持续记录，相较于传统收集信息数据的方式具有很强的可信度和客观性。这些数据并非人为设计或人为选择的结果，这种"让数据说话"的新局面打破了传统评价中依靠经验判断进行的方法，为高校学生进行思想政治教育评估提供客观依据。

2. 善用大数据优势，为思想政治教育评价提供依据

思想政治教育本身是一项十分复杂的教育活动，其自身的复杂性决定了开展评价的复杂性，它直接反映了教育对象的真实体验与反馈。所以，在评价过程中，应竭力确保全面、全方位地开展评价。思想政治教育大数据可以对教育全程进行量化，为教育者、教育对象生成"数据画像"，将其教育需求、期望、体验等要素清晰地展现出来。而且大数据可以把大学生很多不起眼的网络行为以及带有个人情感的词汇聚合起来进行科学的分析，确立情感指标、建立个人情感分析模型，从而正确评价大学生的情感，使对情感的评价建立在客观的数据基础之上。

3.利用大数据优势，丰富思想政治教育评价的形式

思想政治教育相关数据不仅包括静态数据，还包括动态数据。思想政治教育评价不仅包括效果评价，还包括对思想政治教育进行全过程评价和增值评价，使思想政治教育的评价主体，也就是大学生的参与感得到提升。而且大数据也强化了教育对象的自我评价，推动了教育对象的自主性、个性化学习，使其能够更加自觉自主地接受思想政治教育，并依据学习情况做出自我评价、自我调整，这种自我评价在思想政治教育中也发挥着重要作用。

（五）营造思想政治教育的"数据生态环境"

1.以大数据思维优化校园环境的主导引领

校园环境在思想政治教育中占据非常重要的地位，它是大学生学习生活的环境，是校内外一切条件的综合体，塑造优美、和谐、健康的校园环境是立德树人的第一步，也是培养社会主义合格建设者和可靠接班人的第一步，更是大学生树立正确的世界观、人生观、价值观的重要一步。总体优化高校环境，对提升高校思想政治教育水平具有重要意义。

（1）营造思想政治教育美丽的校园物质环境

思想政治教育依托优美的校园物质环境，可以使师生在思想感情、审美观念等方面产生共鸣。营造美丽的校园环境，推进思想政治教育提质升级，已然成为思想政治教育一项迫切的工作。建设校园物质环境时，应该用大数据思维来进行科学规划，第一，要总体规划，这样既可以避免资源的浪费，又可以做到校园环境的整体完善。第二，要融入关联因素，深知思想政治教育与人文情怀之间的关联。校园环境要融入人文情怀，没有人文情怀的校园环境就会缺少灵魂。第三，要建立智能校园，适应时代的发展需要，为广大师生提供更加便利的学习、生活、工作、教育环境，搭建思想政治教育的智能桥梁。

（2）建设思想政治教育特色的校园文化环境

校园文化环境是大学特有的精神气质，如学校的历史沿革、教育理念和教育成果等方面彰显出来的精神，是思想政治教育的重要载体。如今，大学校园的文化呈现多元化，我们要善于利用大数据的思维优化校园文化环境。第一，总体搭建文化传播平台，文化传播不是仅靠单个媒介就能实现的，高校要科学规划，使文化传播平台更系统化、全方位化、现代化。通过搭建这些平台，传播文化正能量，不断净化和传承校园文化，不断发挥校园文化环境对思想政治教育的作用。第二，传承和发扬优秀传统文化，优秀传统文化是新时代文化发展的根基，重视

传统优秀文化教育，促进优秀传统文化在大学的传承，是文化育人的应有之义，也是校园文化环境建设的重要组成部分。第三，建立校园法治文化，法治文化是校园文化环境建设不可或缺的重要部分，我们可以运用相关性思维来建立与大学校园文化相适应的法治文化。

（3）打造思想政治教育严谨的校园教学环境

课堂教学依然是思想政治教育的主阵地，是思想政治教育教学环境中最关键的环节。第一，总体把握教学过程，课堂教学的设计、形式、效果会影响思想政治教育的水平和效果。教学设计要新颖，教学课程要严格，教学内容要充实生动，教学考核机制要完善。第二，整合教学资源，与思想政治教育教学相关联的资源很多，与思想政治教育课堂的教学质量有着直接关系，要善于整合资源，使课堂教学更具创新性、针对性和时代性。第三，优化和丰富教学平台，平台是思想政治教育的有效载体，随着时代的发展，新媒体平台不断发展，"互联网＋教育"已悄然兴起，如慕课、雨课堂、超星尔雅等，教育工作者应尝试运用新时代的智慧平台进行混合式教学，切实提高学生学习的积极性、提升学习的实际效果。

2. 以大数据思维发挥社会环境的积极作用

改革开放以来，我们的社会环境发生了巨大变化，大学生生活在这样的社会环境中，其政治思想观念容易受到社会环境的影响。新时代的社会环境对思想政治教育产生了积极影响和部分消极影响，我们必须转变思维方式，整个社会一盘棋，站在更高的角度来思考现在所面临的社会环境，探寻它们之间的相关性，不断改革创新思想政治教育工作，不断迎合社会意识形态变化。我们应对政治环境、经济环境和文化环境进行优化，发挥其积极作用。

（1）营造风清气正的政治环境

第一，坚持推进党风廉政建设。如果不能遏制当前社会的一些腐败问题，将有损党员在大学生心目中的伟大形象，也将严重影响思想政治教育的运行。自党的十八届三中全会决定提出党风廉政建设以来，党中央对加强党风廉政建设给予高度重视，采取了强有力的措施，形成了风清气正的良好环境。党风廉政建设虽是课堂之外的现象，却与思想政治教育有着很强的相关性，党风廉政建设卓有成效，将有利于增强思想政治教育的有效性，相反，则成为一大障碍。党员干部要做好模范带头作用，加强党风廉政建设，以实际行动来积极引领。

第二，加强民主法治建设。大学生的民主法治观健全与否，与我国民主法治建设进程息息相关。必须坚持和完善人民当家作主的制度体系，发展社会主义民主政治，必须坚持和完善中国特色社会主义法治体系，提高党依法治国、依法执政的能力。只有这样才能让大学生拥护我们的民主和法治，更能符合国家治理体系和治理能力现代化的要求。

（2）营造规范守信的经济环境

当前社会中存在着不良竞争、失信行为、贫富差距大等现象，这些对在校大学生都有着很大程度的影响，所以必须营造规范守信的经济环境。

第一，加快社会诚信系统的构建。信用是市场经济的基石，也是企业的无形资产，部分人仍然没有认识到诚信的重要性，诚信意识淡薄、失信成本低、诚信缺失等问题依然存在，给大学生带来了很多负面影响。规范守信建设迫切需要构建一套完整的诚信机制、诚信档案、诚信系统，为每个人和企业建立一套终身诚信档案，这样可以有效约束信用行为，优化社会信用环境。

第二，不断深化收入分配制度改革。收入的不断改善是人民群众关心的问题，同样也是大学生比较关注的问题。收入分配制度是否公平合理，在一定程度上影响着思想政治教育的发展。合理的收入分配制度可以缩小差距，进而可以减轻经济困难大学生的负担，能够为大学生的成长发展提供充足的物质保障。

（3）营造健康向上的文化环境

校园文化环境归属于整个社会文化环境，受之影响较大。随着经济全球化的发展，涌入了各种政治思潮、价值观念，冲击中国传统文化和意识形态，对思想政治教育产生了一定的负面影响。

第一，抓好主流意识形态。我们应该不断加强社会主义意识形态的吸引力和凝聚力，以社会主义核心价值体系引领各种社会思潮。要在多样化社会思潮中确立社会主义核心价值体系的主导地位，最大限度地形成社会思想的共识，在多样化观念中寻求共识，以主导扩大共识，以共识巩固主导。在处理社会主义意识形态的主导性和我国多元化社会思潮的关系中，既尊重差异、包容多样，又扩大政治认同、增进共识，切实抓好主流意识形态建设。

第二，弘扬中华民族传统文化。我们必须建立一套思想政治教育体系，应当包含传统文化、传统美德和时代精神等内容，来正确引导大学生认同中华民族传统文化，同时提升对西方某些消极文化渗透的抵御能力和辨别能力，要有包容性思维，吸收其精华部分来丰富传统文化。我们还要不断加强先进文化建设，寻求适应现有国情和人民接受的文化，继承和创新中华民族的传统文化，从根本上抵制西方某些消极文化的渗透。

参 考 文 献

［1］ 林娟，杨晓阳，王悦.高校学生思想政治教育与心理健康［M］.长春：吉林文史出版社，2016.

［2］ 段鑫星，程婧.思想政治教育的心理视野［M］.徐州：中国矿业大学出版社，2016.

［3］ 文敏，巫珠霞，马瑞.教育思维的艺术创新与思想政治教育［M］.长春：吉林美术出版社，2017.

［4］ 罗仲尤.思想政治教育属性研究［M］.北京：知识产权出版社，2017.

［5］ 杨广平.网络文化与思想政治教育［M］.徐州：中国矿业大学出版社，2017.

［6］ 刘亮.智慧教育思维下的思想政治教育［M］.北京：九州出版社，2018.

［7］ 杨务林，王婧淳，蒋素琴.思想政治教育多维视角探究［M］.延吉：延边大学出版社，2018.

［8］ 吴林龙.大中小学生思想政治教育的整体研究［M］.北京：知识产权出版社，2019.

［9］ 江洪明，秦海燕.新时代思想政治教育理论研究与实践探索［M］.沈阳：沈阳出版社，2020.

［10］ 董杜斌."微时代"大学生思想政治教育研究［M］.北京：冶金工业出版社，2020.

［11］ 谭月明.新时代大学生思想政治教育文化自觉研究［M］.北京：知识产权出版社，2020.

［12］ 颜笑，李冰.高校学生党建与思想政治教育实践研究［M］.北京：北京工业大学出版社，2020.

［13］ 付铭举，周沫含，王蔚.大学生思想政治教育工作研究［M］.沈阳：辽宁人民出版社，2020.

［14］ 邓艳君.高职思想政治教育滋养工匠精神研究［M］.长沙：湖南大学

出版社，2020.

［15］冯浩然，孙昕皓，蔡阿雄．新时代大学生思想政治教育的现状与对策探究
　　　［J］.中国多媒体与网络教学学报（上旬刊），2021（11）：116-118.

［16］杨叶平．新时代思想政治教育的新使命新要求新思路［J］.中共南昌市委
　　　党校学报，2021（05）：52-56.

［17］李晓莉，蔡胜男．新时代大学生思想政治教育的现状与路径探索［J］.吉
　　　林工程技术师范学院学报，2021（10）：7-9.

［18］杨雅婷．新时代高校思想政治教育问题及对策研究［J］.产业与科技论坛，
　　　2021，20（20）：87-88.

［19］薛岚心．新时代大学生思想政治教育工作的挑战及路径研究［J］.佳木斯
　　　职业学院学报，2021（10）：23-24.

［20］鲁杰，王帅．新时代思想政治教育学科的现实分析与发展路径研究［J］.
　　　西北工业大学学报（社会科学版），2021（03）：25-31.

［21］马文迪．新时代思想政治教育面临的机遇与挑战［J］.河南工学院学报，
　　　2021，29（04）：64-66.

［22］胡孝红，余昊．新时代思想政治教育的历史使命［J］.三峡大学学报（人
　　　文社会科学版），2021（04）：34-36.